Der hermetische Bund teilt mit

Sonderausgabe Nr. I

Im Kampf mit der geheimen Sünde!

Mein Dank geht an Peter Windsheimer für das Design des Titelbildes. Des Weiteren an Ariane und Michael Sauter.

Für Schäden, die durch falsches Herangehen an die Übungen an Körper, Seele und Geist entstehen könnten, übernehmen Verlag und Autor keine Haftung.

Copyright © 2012 by Christof Uiberreiter Verlag
Castrop Rauxel • Germany

Herstellung und Verlag:
BoD – Books on Demand, Norderstedt
ISBN 978-3-7347-8614-3

Inhaltsangabe:

3

1. Im Kampf mit der geheimen Sünde – Triebbeherrschung im Sexualleben auf hermetischer Grundlage von Hans A. Liebetrau

Vorwort:

Wir schreiben so viel von sexueller Reinheit, sagen immer wieder, dass die Beherrschung des Sexus der Schlüssel zur Magie ist, weisen mehrmals daraufhin, dass man ohne Kontrolle seines mächtigsten Triebes keinen Erfolg in der Hermetik haben kann und wird; bringen immer wieder vereinzelt Tipps und Hinweise, aber eine komplette sinnvolle Schrift, die das ausdrücklich sagt, haben wir bis jetzt noch nicht vorweisen können. Doch es gibt sie! Ich habe sie fünf Jahre lang gesucht, denn ich wusste von Werbe-Broschüren der Neugeist-Bewegung, dass Herr v. Liebetrau diese kleine Schrift geschrieben hat. Nur ich fand sie nicht. Ich telefonierte viel mit Antiquariate, die meinten, es gäbe sie nicht. Im Internet war sie nie aufzufinden und selbst in den zahlreichen Universitäts-Bibliotheken konnte sie nicht gefunden werden. Aber zum Glück gab ich nicht auf und suchte dennoch weiter. Da fand ich sie.

Man braucht nicht geschockt sein über die Themen, welche in diesem Büchlein angeschnitten werden, denn sie sind, wie es Bardon mit anderen Worten bestätigt, alle wahr. Der Sexualtrieb hat eine Gefährlichkeit in sich, die sollte man nicht unterschätzen. Aber dieses Buch baut von unten einen sicheren Weg auf, wie man seine Gelüste beherrschen kann und stellt auch den Erfolg eines jeden ehrlich strebenden Hermetikers in Aussicht.

Die heutige Psychologie, Medizin und die allgemeine Meinung sagen zur Beherrschung des Triebes sowieso etwas ganz anders. Für die ist der Trieb und dessen Äußerung etwas ganz normales und natürliches. Es muss raus, was drin ist – so wird es gesehen, auch wenn das zu Lasten einer Ehe, einer Beziehung oder einer Freundschaft geht. Nach dem Prinzip, wenn's juckt, dann musst du dich kratzen! Kratzt du dich nicht, kommst du wohl oder übel ins Krankenhaus, besser gesagt, in die Psychiatrie! Ganz unrecht haben sie ja nicht mit ihrer Aussage, denn der Trieb ist ein mächtiger Gegner des Hermetikers. Wem das noch zu schwer ist, der sollte davon die Finger lassen, denn sonst verbrennt man sich. Aber wer ganz und gar der Meinung ist, er hätte genügend Willen, Ausdauer, Geduld und Zähigkeit, denn härtesten Kampf seines Leben durchzuhalten, ihn auch zu gewinnen, der schreite mit Mut zur Tat und kann sich sicher sein, dass er nach einigen Jahren des verlustreichen Krieges die letzte aber siegessichere Schlacht schlagen wird. Dem rufe ich dann zu: „Heil Dir, Du Besieger des Sexus! Heil Dir, Du Meister über Dich selbst!"

Darum – lasst uns beginnen!

Einleitung:

Solange Menschen leben, ist der Kampf mit der eigenen Sexualität wohl der schwerste des Menschengeschlechtes. Vielleicht liegt das darin, dass bei jedem Einzelnen die sexuelle Energie in ganz verschiedener Stärke und Auswirkung auftritt, so dass es nicht möglich ist, zur Erleichterung des Abwehrkampfes allgemein gültige Regeln und Ratschläge zu erteilen. Hier kommt es immer auf den Einzelfall an und alle Schablone ist nur ein Notbehelf.

Trotzdem die gute Literatur über sexuelle Aufklärung schon recht ansehnlich ist, scheint sie doch das größte Hindernis der Gesellschaft noch nicht durchbrochen zu haben, und das ist jene ungesunde sexuelle **Verlogenheit** unserer modernen Zeit. Man verlangt vom „anständigen" Menschen, dass er alles Sexuelle verneint und (das Ausleben) unterdrückt, anstatt ihn zu lehren, dass gerade der Kampf gegen die Sexualität ein vorzüglicher Erziehungsfaktor ist. Führerlos und ohne Ziel, eingeschüchtert und verwirrt durch die bekannten Abschreckbücher, ethischen und religiösen Vorschriften einerseits (oder auch durch Pornos, falsche psychologische Aufklärung, Fremdgehen ist das Beste, onanieren ohne Ende usw.) und der Naturtrieb andererseits, steuert manche blühende Seele körperlichen und geistigen Siechtum entgegen.

Der Kampf zwischen Naturtrieb und dem, was der Naturmensch „Anstand" nennt, muss zu seelischen Erschütterungen führen, die ihrerseits die verschiedensten körperlichen Störungen zur Folge haben. Gerade junge Menschen, die durch die herrschenden ungesunden Moralverhältnisse gezwungen sind, das Sexualproblem allein zu lösen, versumpfen fast regelmäßig in kurzer Zeit. Sie treiben geistige und körperliche Onanie und büßen Jugendfrische und Arbeitsfreude damit ein.

Dem Kinde kommt alles natürlich vor, und diese Natürlichkeit sollte beim Kinde durch regelmäßige Aufklärung erhalten bleiben. Aber je mehr man hier zu verbergen versucht, desto mehr lenkt man die Aufmerksamkeit des Kindes auf das Geschlechtliche hin und überlässt es dann seinem Schicksal.

Es mahnt doch sicherlich zu Aufsehen, wenn man bedenkt, dass etwa mehr als 95 Prozent der Menschen in ihrer Jugend und oft noch im späteren Alter der Onanie gefrönt haben. Aber um hier erlösende Wahrheit in das dumpfe Dunkel bringen zu können, heißt es, die Dinge von einer anderen Seite, als der herkömmlichen, zu betrachten. Nämlich von der natürlichen Seite.

Die selbst oft kranken „Aufklärer", die – um ihren Schein zu wahren – alles durch die trübe Moralbrille sehen, darf man nicht mehr achten. Damit, dass immer nur Forderungen aufgestellt werden, die doch nie erfüllt werden können, ist nichts erreicht. Erst das Verständnis für die inneren Zusammenhänge führt zu einer ungezwungenen natürlichen Lösung.

Man nimmt vielfach an, dass nur die Männer der Onanie verfallen seien. **Die Frauen und Mädchen machen darin keine Ausnahme!** Aber sie verstehen es, dieser Gewohnheit verborgener, heimlicher zu frönen und besonders Mädchen bilden oft dazu Gesellschaften, von welchen der Erzieher oft keine Ahnung hat.

Die große, brennende Frage: Gibt es Mittel und Wege, die Onanie wirksam bekämpfen zu können, ist mit Ja und Nein zu beantworten. Hier kommt es immer auf das Individuelle und die Triebstärke an. Wie es unmusikalische Menschen gibt, finden wir auch Unerotische, bei denen die Sexualität beinahe gänzlich fehlt. Vielleicht sind diese Letzteren die ärmsten Menschen auf der Welt – es fehlt ihnen ein Stück Leben!

Aber es gibt auch Triebstarke Naturen und diese brauchen in erster Linie eine feste und gesunde Führung. Hier heißt es, zeigen, wie der nun einmal bestehende Sexualtrieb abgeleitet und und veredelt werden kann, um dann als Kraftquelle auf kulturell höheren Gebieten – in Arbeit, Beruf, Kunst – eine beachtenswerte Rolle spielen.

Diese Büchlein möchte allen Suchenden ein Freund und Berater in der tiefsten Seelennot unserer Zeit sein. Es richtet sich an Zögling und Erzieher und ist aus der Praxis entstanden. Die Methoden der Selbstbeherrschung sind so wiedergegeben, wie sie im Leben von vielen Suchenden erfolgreich durchgeführt worden sind. Alle überflüssige Theorie wurde weggelassen, so dass jedem möglich ist, den Sinn der Methode zu erfassen.

Möge diese Büchlein aus der erlösenden Hermetik recht viele Anhänger zuführen. Was nützen all die schönen Ratschläge und Methoden, wenn ihnen der Rückhalt fehlt: Die richtige Erkenntnis des Göttlichen und des Lebenszweckes. – Die Hermetik gibt jedem Halt und führt auf den richtigen Weg zu innerer Harmonie und Zufriedenheit.

Triebe

Neben dem Körper besitzt der Mensch ein bewusstes Ich und ein unbewusstes Ich. Das bewusste Ich ist das Tagesbewusstsein, das Wachbewusstsein, das Oberbewusstsein. Das unbewusste Ich ist jene Wesenheit, die schon vom Momente der Empfängnis zu wirken beginnt, das Wachstum des Kindes leitet, sowie auch den Ablauf aller Organfunktionen, die nicht unserem Oberbewusstsein, der Willkür, unterstehen. Dieses unbewusste Ich oder Unterbewusstsein lässt das Herz arbeiten, reguliert die Atem- und Darmbewegung, sowie auch den gesamten Stoffwechsel im Zellstaate des Leibes. Ebenso stammen aus dem Unterbewusstsein alle triebhaften Anlagen zu irgend einer Betätigung, unsere Befähigungen, Charakterveranlagung, Willensbestrebungen und die ererbten Neigungen.

Neben dem Ernährungstrieb und dem Trieb zur Macht und Freiheit, ist wohl der Sexualtrieb der stärkste, der zu einer angemessenen Betätigung mahnt.

In Bezug auf die uns innewohnenden Triebe sind die Menschen verschieden veranlagt. Darum auch die herrschenden verschiedenen Ansichten auf dem Gebiete der Sexualhygiene. Die sogenannte Sinnlichkeit tritt daher nicht bei allen Menschen gleich stark auf. Doch jeder besitzt diesen Trieb. Die Ausnahme betätigt die Regel! Es gibt aber viele, bei denen die aus dem Sexualwesen als erotische Spannung ins Bewusstsein tretende Begierde (Libido) einen sehr hohen Grad erreicht. Bei solchen Menschen treten, durch innere oder äußere Reize veranlasst, sehr schnell und oft sexuelle Gedanken auf.

Diese Gedanken und die aus den Geschlechtsregungen in das Bewusstsein tretende Sehnsucht (Libido) eines geschlechtlichen Auslebens werden noch heute in unserer „vorgerückten" Zeit vielfach als etwas „Sündhaftes", „Lasterhaftes", „Niederes" bezeichnet. Das ist jedoch ganz verkehrt, denn diese Gedanken kommen eben von selbst, ob wir wollen oder nicht. Sie sind plötzlich da und dann können wir sie nicht einfach wegdenken.

Die Bezeichnung dieser sinnlichen Gedanken als „lasterhaft", „schmutzig", usw. geschieht zu Unrecht. Es sind dies gedankenlose Behauptungen, die schon manchen zur Verzweiflung gebracht haben. Wenn jemand zum Beispiel Hunger hat, dann beruht derselbe auf dem Ernährungstrieb. Es ist selbstverständlich, dass man dann an das Essen denkt. Und wenn der Hunger dann noch sehr groß ist, dann denkt man erst recht ans Essen.

Können wir etwas dafür, dass diese Gedanken kommen? Nein! Und würde es jemanden einfallen, diese Gedanken als „sündhaft" zu bezeichnen? Kaum!

Aber genau dasselbe haben wir bei der Sinnlichkeit. Hier ist es der Sexualtrieb, der die entsprechenden Gedanken und Begierden auslöst. Dieser Vorgang ist ganz normal – niemals aber sündhaft und unsittlich. Es ist nicht unsere Schuld, dass sich diese Gedanken einstellen. Wenn sie sich aber einstellen, dann sollte der Mensch an **göttliche schöpferische Kräfte denken, die in uns schlummern und diese Kräfte auf sittlich einwandfreie Weise verwerten.**

Der Sexualtrieb ist ein Kraftfaktor von ungeheurer Bedeutsamkeit und kann im Wettbewerb der psychischen Kräfte wertvolle Mitarbeit leisten, wenn er im Gewande der „Sublimierung" erscheint. Es ist notwendig, das wir diesen Trieb veredeln, ihn nutzvoll auf kulturell höheren Gebieten verwenden. Das sollte eine selbstverständliche Forderung des Menschen sein, der sich einer Ethik bewusst ist. Diese Veredelung, Sublimierung des Sexualtriebes wird mit der Übung sehr wertvolle Früchte zeitigen. Aber eines darf nicht übersehen werden: Es ist allen Menschen möglich, diese sexuellen Energien restlos zu sublimieren, in ein anderes Gewand zu stecken. Darum ist gerade bei triebstarken Menschen die volle Enthaltsamkeit (Askese) eine Überforderung der Moral, wodurch schon unzählige in schwere seelische Konflikte geraten sind.

Der übrig gebliebene Teil der Begierde erheischt trotzig ein direktes Ausleben auf sexuellen Gebiete. Und gerade hier stehen die Menschenkinder vor einer gefährlichen Klippe. Leider sind es oft Eltern, Erzieher, Verwandte, Freunde (nicht alle!) und gedankenlose Volksaufklärer, die eine ganz verkehrte Führung der Unerfahrenen übernehmen, worauf der Sturz unvermeidlich ist.

Wie würde es wohl einen Menschen ergehen, der den Ernährungstrieb unterdrücken wollte? Er sitzt vor einem Tisch, auf dem seine Lieblingsspeise steht und hat riesigen Hunger. In ihm entsteht ein riesiges Verlangen. Aber essen, ja nur die Speise anschauen, ist ein „Kapitalverbrechen". Man wird doch nicht glauben, dass nun der Hunger vergehe. Nein, größer wird er – und nach einigen Kämpfen stürzt sich dieser Mensch über den Tisch und stillt seinen Hunger – übermäßig sogar.

Beim sexuellen Hunger ist es genauso. Und wenn es solch einen Hungrigen gelingt, sich doch zu beherrschen, dann wird er eben weiter hungern und verkümmern an Körper und Seele. Die Natur lässt sich nicht hintergehen!

9

Sie rächt sich immer und straft diejenigen, die ihre Stimme nicht hören wollen oder nicht hören dürfen (Moral!) mit mannigfaltigen Leiden: Verstimmungen, Arbeitsunlust, Kopfschmerzen, Unterleibsbeschwerden u. dgl. bei Frauen.

Die aus sogenannten sittlichen Gründen entstandene Einstellung versagt der Libido die naturgewollte (gottgewollte) Erledigung und erzeugt bei der verkehrten Betätigung oder Unterdrückung das, was man neurotisches Symptom nennt (Neurosen – funktionelle seelisch bedingte Nervenkrankheiten).

Sigmund Freud (Begründer der Psychoanalyse) drückt dies folgendermaßen aus: „Das neurotische Symptom ist eine Ersatzbefriedigung der Libido, deren naturgewollte Abreaktion (Erfüllung) irgendwie gehindert wird. Das Symptom ist ein Kompromiss (Vereinbarung) zwischen Trieb und Abwehr (Verdrängung), aber ein biologisch (Biologie – Wissen vom Leben) falscher und dadurch auf die Dauer untauglicher Kompromiss, dessen Merkmal es zugleich ist, meist mit einem Schuldgefühl behaftet zu sein.“

Kindheitsonanie

Ich weiß, dass viele Eltern mit einiger Entrüstung die nachfolgenden Zeilen Lesen werden. Das Kleinkind soll sich schon mit erotischen Dingen beschäftigen? Unerhört! Wie kann man nur an so etwas denken! Gemach, ich habe auch Kinder und es ist nun einmal fast durchweg die Neigung bei den Eltern vorhanden, ihre Kinder als unschuldsvolle Engelein zu betrachten. Gewiss, sie sind noch unschuldig, die Kleinkinder! Aber das hindert nicht daran, dass sich bei ihnen schon die Triebe bemerkbar machen.

Wir beobachten manchmal, dass schon der Säugling mit seinen Geschlechtsteilen spielt, und zwar dies mit einer Hingebung, die leicht verrät, dass ihm diese „Spielerei“ eine Lust ist. Etwas ältere Kleinkinder suchen die ohnehin leicht reizbaren Geschlechtsteile durch Rutschen, Zusammenpressen der Schenkel (bei Mädchen) usw. zu erregen. Und manchmal führen diese Erregungen zu einem gewissen Höhepunkt, wonach ein Abklingen erfolgt.

Ich konnte in der Süd-Schweiz ein etwa dreijähriges Italienermädchen beobachten, das mit heftiger werdender Erregung seine Puppe an die Gegend der Geschlechtsteile presste, und dann plötzlich innehielt (nach

10

dem erreichten Höhepunkt der Erregung), um lange Zeit müde vor sich herzuschauen. Dieses „Spiel" wiederholte sich fast täglich.

Welche Eltern kennen nicht auch das „Doktorspiel" der Kleinen? Jene Entkleidungs- und Spielszene auf der Wiese, in abgelegenen Kiesgruben oder auf dem Estrich, ja oft regelrecht versuchter Sexualverkehr! Oft sind es ältere „aufgeweckte" Kinder, die die Kleinen verführen.

Nun lehrt uns die Psychoanalyse, dass kaum ein Kind der Frühonanie entgeht, und dass diese Übergangszeit sogar sehr notwendig ist. Denn es ist die Geschlechtsgegend, die auf die kommenden Entwicklungsjahre vorbereitet sein will und den stärksten erotischen Anreiz erhalten muss (oder sollte). Ich betone: Geschlechtsgegend und dieser Reiz darf nicht durch verkehrte Erziehung auf andere Körperteile verschoben werden, sonst entstehen Perversitäten, die im späteren Alter sehr schwer oder überhaupt nicht mehr beseitigt werden können.

Niemals soll man „spielenden" Kindern Schläge auf die Hände geben, um ihnen die „Unart" abzugewöhnen! Niemals mit dem „Bußekrambel", dem „Mann mit dem Messer", der die Geschlechtsteile abschneidet, und dergleichen drohen! Man pflanzt damit ein tiefes Schuld- und Angstgefühl in die Seele des Kindes, das später zu schlimmsten Hemmungen führen kann.

Ein gewisses Maß dieser Kindheitsonanie ist normal und wird vom Kinde schadlos ertragen. Nur ein Übermaß ist schädlich und da muss man die Kinder verständnisvoll ablenken auf Spiel und andere Dinge.

Nur kein großes Wesen um diese Erscheinungen machen! Man lenkt dadurch die Aufmerksamkeit der Kinder nur noch mehr auf diese Erscheinung. Und gerade das soll verhindert werden.

Kinder haben feine Ohren und ein gutes Auge. Daher auch vorsichtig sein im Schlafzimmer der Eltern, um die Neugierde des Kindes nicht unnütz anzufachen. Kinder auch nicht mit sich in den Abort (Toilette) nehmen.

Kurz, es ist die Pflicht der Eltern, alles das zu vermeiden, was die Sexualneugier aufreizen könnte. – Das Kind mit viel Liebe behandeln und immer verständnisvoll ablenken!

Die Onanie im Entwicklungsalter

Gewöhnlich hat das Kind in den Jahren der Pubertät (Geschlechtsreife) die Frühonanie überwunden oder gänzlich vergessen. Mit der vollkommenen Ausbildung der Geschlechtsorgane wacht die Onanie wieder auf. Jetzt werden Sekrete (Absonderung von Drüsen) und Samen ausgeschieden und die wollüstige Reizung ist erhöht. Es ist nun heilige Pflicht der Erzieher, das Kind aufzuklären, damit die Neugierde und erhöhte Aufmerksamkeit auf diese Vorgänge abgeschwächt wird.

Auch diese sogenannte Pubertätsonanie ist als normal zu betrachten und nicht aus der Welt zu schaffen. Es hätte dies sonst schon lange geschehen können, denn seit Menschengedenken kämpft man gegen diese Erscheinung erfolglos an.

Schädlich wird diese Onanie erst, wenn das Kind sich selbst überlassen wird und keine Aufklärung erfolgt. Denn dann setzt in der Regel eine zügellose und perverse Fantasie ein, oft mit der Bindung an irgend ein Liebesobjekt. Einer meiner Patienten, der heute geheilt ist, berichtet mir hierüber folgendes: Seit dem dreizehnten Altersjahre habe er täglich regelmäßig onaniert. Er war der Sohn eines Schuldieners. Sexuell aufgeklärt wurde er nie. Bei der Onanie spielte in der Fantasie eine bestimmte Lehrerin eine führende Rolle. Die Bindung an diese Lehrerin ging so weit, dass er sich jeweils zur Selbstreizung in ihren Garderobe-schrank begab. Dort hing immer ihre Arbeitsschürze, der ein bestimmter Geruch anhaftete. Die Neigung zu der Lehrerin verschob sich allmählich auf diese Schürze und wurde zum Verhängnis des Jungen. Später kam bei ihm die Erektion nur dann zustande, wenn er eine Schürze sah oder einem Mädchen jener bestimmte Geruch anhaftete; bei allen anderen Mädchen blieb er impotent.

Noch schlimmer als die perversen Fantasien wirkt das Schuldgefühl, das den jungen Onanisten durch Drohungen beigebracht wird. Dieses Schuldgefühl kann bei empfindlichen Kindern dermaßen groß werden, dass Selbstmordversuche nicht selten vorkommen. Gerade von diesem Schuldgefühl muss man die Kinder befreien. Mit der Einschüchterungs-taktik erreicht man aber das Gegenteil und bringt die jungen Seelen nur noch tiefer in die Gewissenskonflikte hinein.

Auch bei der Entwicklungsonanie heißt es wieder: *Das Kind ablenken auf Lieblingsbeschäftigung und vor allem auf Sport und gute interessante Schriften.* Das Kind soll nie allein und sich selbst überlassen sein, sondern gesunde Kameradschaft, auch mit dem anderen Geschlecht pflegen. Vor allem sollte die Erziehung so gerichtet sein, dass das Kind Vertrauen zu den Eltern hat, die dann auf offenes Befragen der Kinder gerade über diese sexuellen Dinge in gütiger Weise aufklären sollen. So besitzt das Kind einen Halt und den Eltern ist es dann leicht, es zu lenken und auf sittlich und moralisch höhere Stufe zu heben.

Körperlich Entwicklung

Da vielfach verschiedene normale sexuelle Entwicklungserscheinungen als krankhaft und unnatürlich betrachtet werden, sei im Nachfolgenden kurz der körperliche Entwicklungsvorgang beschrieben.

Beim männlichen Geschlechtsteil treten oft schon in den allerersten Lebenswochen Gliedversteifungen auf, die sich dann wieder verlieren. Oft fehlen beim Neugeborenen die Hoden. Dieselben befinden sich noch auf Wanderung im Leistenkanal. Über diese Erscheinung soll man nicht erschrecken. Nur bei sehr verzögertem Herabsteigen der Hoden spreche man mit dem Arzt. Im Kindesalter ist das Kind noch nicht zeugungsfähig. Dennoch können aus den Absonderungen der Drüsen Ergüsse erfolgen, die jedoch noch keine Samenfäden enthalten. Vorzeichen für die Reifezeit sind die Behaarung der Geschlechtsgegend und Achselhöhlen, sowie Pollutionen (Ergüsse) im Schlafe.

Beim Mädchen meldet sich die herannahende Pubertätsperiode ebenfalls durch Behaarung an. Vor allen beginnen die Brüste zu schwellen und schon vor der Reife sondern am Scheideneingang die Bartholinischen Drüsen Flüssigkeiten ab. Die eigentliche Reifezeit beginnt mit der regelmäßigen monatlichen Blutung (normal alle 28 Tage) und mit nächtlichen „Ergüssen"!

Alle Kinder müssen über diese Vorgänge unterrichtet sein, und zwar von dem Erzieher und nicht von Kameraden und älteren Freundinnen.

Falsche Angst vor den Folgen der Onanie

Aufklärung
über Männerkrankheiten, schlimme Folgen
der Jugendverirrung, Geschlechtskälte, Nervosität
Literatur portofrei und diskret durch Institut . . .

Nachdenklich betrachte ich dieses Inserat aus einer illustrierten Zeitschrift, dann greife ich zur Feder und ersuche um Zustellung fraglicher Literatur.

Einige Tage später erhalte ich in einem gewöhnlichen Briefumschlag einen umfangreichen Prospekt, den ich sehr aufmerksam durchlas. Als ich zu Ende war, wusste ich, dass jene bekannte „Jugendsünde", die Onanie ein

„ganz gefährliches Laster" sei, das alle erdenkbaren schlimmen Leiden zur unbedingten Folge habe: Gedächtnisschwäche, Rückenmarkserkrankungen, Verblödung, Impotenz, Geschlechtskälte und Kinderlosigkeit bei Frauen, Nervenzerrüttung, Minderwertigkeitsgefühle usw., eine lange graue düstere Kette von Krankheiten. Aber zum Schluss wird ein Heil- und Kräftigungsmittel angepriesen, das von wunderbarer Wirkung sei. Jedenfalls war der hohe Preis dieses Mittelchens allein schon von „wunderbarer Wirkung", denn das liegt ja auf der Hand: Wenn etwas so teuer ist, muss es ja wohl gut und wirksam sein! Der Zweck ist klar und wird auch meist erfüllt!

Bekommt aber nun jemand so eine Aufklärungsschrift in die Hände, dann erlebt er das Schlimmste. Er weiß nun, was für schreckliche Folgen diese Sünde nach sich zieht. Angst und Schrecken durchbeben seine Seele. Es beginnt ein Verzweiflungskampf, denn man will doch nicht weiter seinen Körper „schänden und die Nerven ruinieren", man will doch nicht „rückenmarkskrank" werden und „verblöden". Es ist unnütz, zu erwähnen, wer in diesem Kampfe unterliegen muss: Die scheinbare Moral oder die Begierde.

Man glaubt, für Arbeit und Leben unfähig geworden zu sein und dem Untergang entgegen zu gehen. Oder man denkt an das Eintreten einer Geisteskrankheit, zum mindesten an eine Schwäche des Nervensystems. Beobachtet man an sich irgendwelche krankhafte Erscheinungen wie Kopfweh, Erregung, Gedächtnisschwäche, Herzklopfen, so ist man sofort bereit, diese als Ursache der Onanie zu betrachten. In der Regel stellt man sich die allgemeine „Zerrüttung" im körperlichen Sinne vor und befestigt in sich immer mehr die Meinung, dass man unheilbar sei!

Jedoch gibt sich hier der Onanist einer Täuschung hin, denn der Großteil dieser Störungen hat mit der Onanie gar nichts zu tun. Die sexuellen „Verfehlungen" sind bei derartigen Menschen oft so gering, dass es absolut ausgeschlossen ist, dass sie Ursache solcher Störungen sein können.

Die durch Moralhelden und geschäftstüchtige „Aufklärer" gezüchtete Angst vor den angeblich bösen Folgen der Onanie ist eine der häufigsten Ursachen nervöser und funktioneller Leiden. Diese unsinnige, unbegründete Angstmacherei kann eine der größten Kritiklosigkeiten unserer Zeit genannt werden. Und gerade der Staat, die Gesundheitsämter, sollten diesen „falschen Propheten", die in den schwärzesten Farben die Folgen der Onanie wie den leibhaftigen Teufel an die Wand malen, einmal endgültig das Handwerk legen. Denn unendlich viel Lebensglück wurde

14

dadurch schon zerstört. Ich denke dabei an das Heer derjenigen Männer und Jungfrauen, die nicht den Mut hatten zu heiraten, weil sie sich in ihrer kranken Moral nicht für würdig hielten, einer Frau oder einem Mann zu gehören. Das Schreckgespenst der Impotenz, Zeugungsunfähigkeit, Geschlechtskälte, ruinierter Nerven steht wie eine unübersteigbare Wand zwischen ihnen und dem Eingehen einer Ehe.

Andauernde Angst wirkt lähmend, legt sich bleischwer auf den Körper, macht müde und schlaff. Man fühlt sich gebrochen, arbeitsunfähig und leicht gereizt. Manche geben ihren Beruf auf, dem sie sich nicht mehr gewachsen fühlen. Und doch ist gerade die Arbeit eine gute Medizin, und bietet die größte Ablenkungsmöglichkeit von solchen unsinnigen Gedanken. Was dann, wenn die Berufsarbeit unterbrochen wird, wenn man der Angstsuggestion der körperlichen Erschlaffung unterlegen ist? Dann hat man erst recht Zeit zu grübeln und seine arme Seele zu peinigen! Der Weg zum Selbstmord und vorübergehenden Internierung in eine Irrenanstalt steht dann allerdings offen. Und das alles nur wegen der irrsinnigen Massensuggestion: Angst vor den „schlimmen Folgen" der Onanie! Denn die Onanie ist nicht direkt hier die Ursache – es ist immer nur die Angst, sich fortgesetzt zu schädigen!

Viele meiner Patienten sagten mir, dass sie jahrzehntelang sich selbst entreizten, dass sie aber dies nicht als Sünde und Schädigung empfunden hätten (sie waren eben noch nicht „aufgeklärt" – die Glücklichen!) sondern als ganz natürliche Beruhigung. Dabei blieben sie gesund, froh und arbeitsfähig und wurden gute Familienmitglieder.

Wehe aber, wenn die „Aufklärung" erfolgt! Dann erfährt man, wie das Gesetz der Suggestibilität sich auswirkt, dann erfährt man weiter, wie groß unsere Kritiklosigkeit und wie klein unsere Vernunft und das selbständige Denken ist. Gedankenlos nimmt man die „Warnungen" und „gutgemeinten Ratschläge" an. Aber die Triebe, die Gott in uns gelegt hat, sind groß. Wir sehen bald ein, dass ein Abwehrkampf oft vergebens ist, ja dass wir nun erst recht dem Trieb zum Opfer fallen. Und dann kommt die Angst vor den Folgen, denn nun „weiß man"! Und die Angst ist das Verhängnis!

Ein weiterer Unsinn ist auch, wenn nächtliche „Ergüsse" als Auswirkung von Gehirn- und Rückenmarksleiden hingestellt werden, welche man als folge der Onanie betrachtet. Die Angst und Unruhe wird dadurch gesteigert. Ursache dieser Ergüsse der Säfte sind in der Regel wollüstige Träume, übertriebene sexuelle Betätigung oder das Unterdrücken derselben, sowie auch eine verkehrte und übermäßige Ernährung, besonders durch Eier, scharfgewürzte Speisen und übertriebene Fleischnahrung. Beim gesunden Menschen löst diese Art der Erledigung des Geschlechtaktes nie Angst- oder Schuldgefühle aus.

Die Schädlichkeit der Onanie

Über die eigentliche Schädlichkeit der Onanie herrscht im Volk eine recht pessimistische Meinung. Der Seelenkenner – vor allem der moderne Nervenarzt – ist hier ein viel größerer Optimist. Er weiß, dass die kleinen Störungen, die durch Onanie entstanden sind, nur vorübergehende oder auf jeden Fall heilbare sind.

Onanie wirkt schädlich, wenn der ganze Ablauf so gestört wird, dass kurz vor dem Gipfelpunkt der Akt unterbrochen wird. Dadurch entstehen fast regelmäßig neurotische Angstzustände, die sich auch in den Träumen auswirken können (Alpdruck, jähes Aufschrecken im Schlaf).

Die Fantasie-Onanie, bei der keine körperlichen Reizung erfolgt, ist zu verwerfen. Durch diese ungesunde Fantasietätigkeit können sich seelische Hemmungen entwickeln, die später einen natürlichen Übergang zum normalen Geschlechtsverkehr erschweren oder unmöglich machen.

Onanie, die zum Übermaß gesteigert wird, führt natürlicherweise zu den sogenannten neurasthenischen Erscheinungen: Mattigkeit, Benommenheit, Kopfschmerzen, ziehen im Kreuz usw. Doch gehen diese Störungen wieder vorüber, sobald die Häufigkeit nachlässt.

Wie beim Mann, so ist auch bei der Frau die Onanie ein normales Vorkommen. Für sie gilt auch das vorne Gesagte. Sehr nachteilig wirkt die Onanie bei der Frau dadurch, dass dieselbe an dem Kitzler (Klitoris = unentwickelter Rest der männlichen Anlagen des Weibes) erfolgt. Beim Übergang zum normalen Geschlechtsverkehr stellt sich dann eine scheinbare Geschlechtskälte ein, da die Gewinnung der vollen Befriedigung in der Scheide erschwert wird. Der Sitz des Reizes hat sich auf die Klitoris verschoben. Doch verschwindet diese Erscheinung bei regelmäßigem Geschlechtsverkehr.

Die Schädlichkeit der Onanie ist also relativ gering und ist erst zu verzeichnen, wenn dieselbe naturwidrig durchgeführt wird, oder wenn damit große Schuldgefühle verknüpft sind, die zu seelischen Konflikten führen.

Die natürliche Onanie, die einfach ein von selbst auftretendes Bedürfnis befriedigt und frei von jedem Schuldgefühl den Vorgang des Beischlafes kopiert, ist für den Durchschnittsmenschen gesundheitlich unschädlich. Es kann dies nie genug betont werden.

Angebliche Schäden der Onanie

Schon das Christentum hat, namentlich in seinen Anfängen durch Brandmarkung der Sinneslust ganze Geschlechter zur Askese geführt. Die Sexualität wurde als Einrichtung des Teufels angesehen. „Um, den Fleischgelüst entronnen, Gott besser dienen zu können" entmannte sich der spätere Kirchenvater Origenes mit siebzehn Jahren (etwa 200 n. Chr.). Der hierin liegende Irrtum wurde in späteren Zeiten zwangsläufig überwunden. Aber manchmal scheint es, als ob in unserem Unterbewusstsein noch ererbte, übernommene Niederschläge von jenem großen Schuldgefühl vorhanden sein, das unsere Vorfahren empfunden hatten.

Dieses Schuldgefühl, für manch einem das schlechte „Gewissen", trifft man bei den meisten Onanisten und besonders dann, wenn sie durch Abschreckbücher eingeschüchtert und in die Angst getrieben wurden. Wenn dann trotz Versprechungen, Gebeten, Eiden die Ärmsten dem Trieb unterliegen und schwere seelische Depressionen folgen, dann ist das Maß des Jammers noch lange nicht erfüllt. Denn aus diesen seelischen Erschütterungen entspringen dann weiter die vielen Störungen und Leiden. Die Betreffenden sehen dies Leiden als Folge der Onanie, als Strafe an, die sie verdient haben.

Es ist ja hinlänglich bekannt, wie intensiv seelische Vorgänge auf den Körper einwirken. Allein schon der Gedanke, etwas Ungeschicktes getan zu haben, bewirkt eine Blutgefäßerweiterung: Man errötet. Angst und Schuldgedanken legen sich schwer und lähmend auf den Körper und bewirken organische Veränderungen. Vor Angst ist schon mancher gestorben!

Bei vielen Onanisten findet man eine verschleppte Verdauung, oft hochgradige Verstopfung. Nun weiß man ja, wie schnell bedrückende seelische Vorgänge auf den Verdauungsvorgang einwirken. „Der Ärger, den ich hatte, hat mir auf den Magen geschlagen!" Ganz richtig, Ärger, Sorgen, Angst, schlägt vielen auf den Magen, das heißt, diese Gedanken oder Gefühle bewirken eine Absonderungsveränderung der Magendrüsen: Sie scheiden giftige Flüssigkeit aus. Beim Hungrigen genügt der Gedanke an ein gutes Essen und schon „läuft ihm das Wasser im Munde zusammen". Langandauernde gedrückte Gemütsverfassung bewirkt seelisch bedingte

17

Lähmungen der Därme (Atonie).

Bei Medizinstudenten kommt es gewöhnlich vor, dass sie von den Krankheiten in leichten Graden befallen werden, mit denen sie sich eingehend beschäftigen müssen. Das Denken wirkt auf den Körper ein – im guten, wie im schlimmen Sinne.

Ist es daher ein Wunder, wenn Onanisten diejenigen Krankheiten bekommen, welche der „Aufklärer" als unbedingte Folge, quasi als Strafe hinstellt? Hier heißt es kritisch sein und nicht so ohne Weiteres solche schlimme Suggestionen in Autosuggestionen zu verwandeln.

Wo bleiben indessen die Beweise für die bedenkliche Schädlichkeit der Onanie? Ich bemerke ausdrücklich „Schädlichkeit der Onanie" und meine damit nicht die Schädlichkeit der Angst, die man Onanisten einflößt. Alle Moralprediger und oft recht geschäftsgewandten Aufklärer zusammen haben bis heute noch keinen zu erbringen vermocht. Laut ärztlichen Statistiken haben etwa 95 Prozent aller Menschen dieses Laster gefrönt. Gemäß den Prophezeiungen dieser Aufklärungsapostel müssten somit logischerweise etwa 95 Prozent aller Menschen schwachsinnig, arbeitsunfähig, schwindsüchtig und rückenmarkskrank sein. Nun ist das aber nicht der Fall – kann auch nicht sein, denn alle Schädigungen, die man als Folge der Onanie ansehen möchte, existieren nur in der Fantasie ganz gedankenloser Nachschwätzer – oder gewissenloser Ausbeuter.

Darüber ist sich jeder nicht rückständige Arzt im klaren, dass normale Onanie solange unschädlich ist, als man sie nicht zu einem Laster und zur Sünde macht.

Es ist kein erfolgversprechendes Verfahren, wenn man sucht, den Teufel durch den Beelzebub auszutreiben. Man könnte vielen all die Kämpfe ersparen, wenn man anstelle der Drohungen vernünftige, gesunde Aufklärung setzen würde. Sobald man die Menschen über die Harmlosigkeit der (natürlichen) Onanie aufgeklärt hat, verschwinden meistens bald die vielerlei „Erscheinungen".

Etwas über die Nervenschwäche

Wohl der Gipfelpunkt frevelhafter Ausbeuterei gewisser „Heilinstitute" bilden sie sogenannten Nervenkräftigungsmittel (was ist Nervenkraft?), mit welchen man allen die vielen nervösen (funktionellen) Störungen beseitigen will. Man hat „gesündigt", die Nerven geschwächt", „zerrüttet" und wie alle diese Schlagworte heißen. Also muss man diese armen Nerven wieder stärken und gesund machen. – Lieber Leser, merkst Du nicht selbst, dass trotz aller Störungen Deine Nerven gesund sind? Aber in der Seele ist ein böses Durcheinander. Deine inneren Konflikte lähmen Deinen Körper und lassen ihn nicht mehr normal arbeiten.

Zwar wird die Wirksamkeit dieser Nervenstärkungsmittel immer noch durch Erfolge belegt. Ich möchte aber im gleichen Zuge die Wirkungslosigkeit dieser Mittel durch Misserfolge belegen: Tausende und Abertausende Irregeführte und in Seelenkonflikte Geratene haben sich ihren guten, lieben Magen schon voll geschluckt mit solchen Präparaten aller Art und – bleiben dabei krank!

Vielleicht ging es vorübergehend (Erfolg!) besser, weil man an die unbedingte Wirksamkeit des Pülverchens glaubte (Autosuggestion). Aber nur zu bald stellt sich die Selbstsuggestion als Selbsttäuschung heraus! Wir sind eben auch heute noch nicht so weit, dass wir uns die liebe Gesundheit für einige Mark in der Apotheke kaufen können, und das erst recht nicht bei seelisch bedingten Leiden, bei der die Ursachen im Geistigen (nicht in den Nerven) liegen, wohin nun einmal kein „Stärkungstropfen" hinreicht.

Leider gibt es aber sehr viele Leidende, die ein ganz merkwürdiges Gesicht machen, wenn man ihnen erklärt, dass gegen seelisch bedingte Leiden bis jetzt noch kein Tränklein erfunden worden sei, und dass man in diesen Fällen ganz anders vorgehen müsse, um das Übel an der Wurzel fassen zu können. Dazu später.

Da geschieht es nur zu oft, dass diese Patienten nachträglich über den wahrheitsliebenden Berater losziehen und im mildesten Falle von ihm aussagen, er verstehe nur nichts usw. Die Menschen möchten manchmal so gern betrogen sein. **Leider oft aus lauter Bequemlichkeit!** Ein wirkungsloses Präparat verschlucken ist allerdings einfacher und vor allem bequemer, als den eigentlichen Ursachen auf den Leib zu rücken. Mit dieser Bequemlichkeit und Denkträgheit kommt man aber immer tiefer in das Elend hinein. Hier tut die Hermetik Not! Sie macht sehend und bringt Erlösung!

Öffentliche Moral

Zwei Seelen wohnen ach in unserer Brust, die mächtigen Triebe unseres Wesens, und das gegen diese Triebe ankämpfende Vorstellungsleben. Ist dieses Vorstellungsleben ungetrübt, gesund und natürlich, dann herrscht in uns Seelenharmonie. Wehe aber, wenn dieses Vorstellungsleben getrübt ist,

19

wenn es durchtränkt ist vom grundfalschen Begriffe der Verdorbenheit und Sünde. Dann entbrennt jener alte Kampf zwischen Naturtrieb und menschgemachter Scheinmoral. Und dieser Kampf führt zu den schwersten inneren Konflikten.

Eine unsichtbare Hand malt diese innere Zerfahrenheit und Kämpfe auf die Außenseite des Menschen. Das was wir funktionelle Leiden, nervöse Krankheiten nennen, ist nichts anderes, als körperliche Ausdrucksform der vielen in uns gärenden ungelösten seelischen Konflikte.

Ich konnte in streng religiösen, frömmsten Kreisen Menschen treffen, die bis zum Zusammenbruch gegen ihre Natur gekämpft hatten, die immer wieder unterlagen und immer tiefer in die Verzweiflung kamen. Denn die Natur lässt sich nicht hintergehen. Sie rächt sich immer und straft diejenigen, die ihre Stimme nicht hören wollen oder nicht hören dürfen, mit mannigfachen Leiden.

Alle jene sittliche Scharfrichter und Scharfmacher verraten durch ihr Vorgehen doch nur ihr eigenes Innere, das erfüllt ist von schweren ungelösten seelischen Erregungen. Indem sie andere geißeln, tun sie es in erster Linie für sich selbst. Sie haben so sehr ihre Prügeljungen nötig.

Wie oft musste ich in meinen Kursen erleben, dass mit größter Entrüstung Geistliche, Lehrer u. a. wegblieben, wenn ich mich veranlasst sah, einmal der Sexualität gegenüber mit der Wahrheit an die Öffentlichkeit zu treten. Dieses Vorgehen wurde dann als Schamlosigkeit, ja als öffentliche Verführung betrachtet, was mich indessen nie davon abhielt, weiter gegen den unfreien, falschen Sündenbegriff Stellung zu nehmen. Gerade diese Entrüsteten sind es, die in „wohlmeinender Art" Opfer für ihre heuchlerische Moral suchen – und auch genügend finden. Und wenn sie dann ihrem Opfer den natürlichen Seelenfrieden geraubt haben, wenn sie es ins tiefste Elend gestürzt haben, dann überlassen sie die Ärmsten ihrer Pein oder treiben sie in noch größeres Elend.

Erwächst aus diesen traurigen Tatsachen nicht die Notwendigkeit, endlich einmal anstelle der krankhaften Scheinmoral eine natürliche und frei-fromme Lebensauffassung zu setzen? Der liebe Gott hat uns Menschen ein Gewissen geschenkt und dieses Gewissen zeigt uns feiner an als alle menschengemachte Moral, was gegen das Göttliche verstößt. Wie sagt doch Hans Sterneder in seinem Buch „Der Wunderapostel" so treffend: „Gott bevorzugt niemand, noch zürnt er einer Seele. Er liebt die dunkle Seele ebenso innig wie die lichte, denn er ist der Vater aller!

Gott belohnt nicht, Gott straft nicht, – sondern der Mensch selber setzt sich

Lohn und Strafe.

Er aber harrt in endloser Geduld auf den Heimgang all seiner Kinder, und sieht auf die langen, trüben Wege mit der nämlichen Liebe wie auf die lichten.

Denn für Gott gibt es nicht Gut und Böse, für ihn gibt es nur Fortschritt oder Rückschritt in der Aufwärtsentwicklung. Und wenn er auf das Ringen der Seelen schaut, sieht er keine guten und keine bösen Seelen, sondern nur lauter klare, heilig brennende Flämmchen, die in heißen Kämpfen sich aufwärts mühen in ewigen Steigen und Sinken und Wiedersteigen.

Gut und Böse kennt nur der Mensch und selbst bei ihm sind diese Begriffe wandelbar! Vieles, das heute als böse erscheint, ist morgen gut. Aus der objektiven Gottschau aber ist selbst das Böse gut, da es im selben Maße, wie es für den Verursacher zur Schuld wird, dem Empfänger Erlösung und Hilfe ist."

Einschüchterungstaktik und ihre Folgen

Vor einiger Zeit kam zu mir ein Mann im Alter von etwa dreißig Jahren, der erst angab, lungenkrank zu sein. Er wollte sich im Kurhaus aus diesem Grunde erholen. Nach und nach stellte ich aber auf mein Drängen fest, dass er auch an großer Gedächtnisschwäche litt und, wie er fest behauptete, rückenmarkskrank sei. Wegen seines unreinen Blutes wollte er noch eine spezielle Kur (Diät) durchführen. Mit seiner Gemütsverfassung stand es auch schlimm. Abgesehen von einer allgemeinen Depression, litt er an einem Angstgefühl, das sich besonders den Schutzleuten gegenüber auswirkte. Er befürchtete jedes Mal, von diesen abgefasst zu werden. Wenn er Personen begegnete, die in Trauer waren (oder nur schwarz gekleidete Leute), stellte sich das Zwangsgefühl ein, er müsse bald sterben.

Ich gab diesem Patienten die beruhigende Zusicherung, dass er diese Übel bald los sein werde, was regelmäßig mit einem müden Kopfschütteln beantwortet wurde. Auf vieles Zureden brachte ich endlich heraus, dass allen diesen Leiden eine schwere körperliche Ursache zu Grunde lag. Aber welche? Nach einem erneuten Angriff kam endlich die von mir erwartete Beichte. Unter Tränen gestand mir der Patient, dass er schon seit dem zwölften Altersjahre regelmäßig onaniere. Sein ganzer jetziger Zustand hatte sich dadurch entwickelt, dass er, nachdem schon eine Reihe von Jahren verflossen war, gelegentlich von seinem Vater eine tüchtige Moralpredigt wegen dieser Gewohnheit erhielt. Dieser, ein rechtschaffener und guter Familienvater ertappte einmal seinen Sohn auf der Tat und machte ihm daraufhin Vorstellungen über die Schädlichkeit seines Treibens. Die Wirkung dieser, jedenfalls gut gemeinten aber doch so unglücklichen Aufklärung blieb dann auch nicht aus. Der Junge konnte der Onanie nicht standhalten. Als sonst folgsamer Sohn trat bald darauf das schlechte „Gewissen" ein (Angst vor dem Schutzmann – „Ich habe etwas verbrochen – gesündigt"). Das zermürbende Kämpfen brachte ihn körperlich herunter. Er wusste nun, dass es abwärts gehe (Zwangsgefühl, er „müsse auch bald sterben", wenn er Personen traf, die in Trauer waren). So sah er nun seinem baldigen Ende entgegen.

Man muss es aber einmal erlebt haben, wie solche Unglückliche aufleben, wenn man ihnen zeigt, dass das alles keine Sünde war, und dass ein Schaden eigentlich kaum in Frage komme. Was für ein Jubel und Glückseligkeit in der Seele eines solchen Menschen losbricht, ist nicht zu beschreiben.

Unser Patient war nach wenigen Wochen nicht mehr zu erkennen. Er war buchstäblich aufgeblüht, nachdem er diese furchtbare Last der vermeintlichen Sünde und Strafe von sich abgeschüttelt hatte. Aus dem Selbstmordkandidaten par exellence wurde ein froher, gesunder, brauchbarer Mensch, ein Menschenkind, an dem der liebe Gott seine helle Freude haben musste.

Von einem deutschen Universitätsprofessor kenne ich die Geschichte eines Studenten, der sich in der Verzweiflung darüber, dass er immer wieder gegen seinen Willen dem Trieb zum Opfer fiel, mit einer Pistole in seinen Penis schoss und dadurch schwer verwundete.

Aus hermetischer Sicht

Wir mussten das bis jetzt Erwähnte ohne Kommentar so stehen lassen, denn es hat in gewisser Weise auch seine wahre Berechtigung. Aber nach all dem bis jetzt Geschriebenen sehen wir klar eine Ursache. Die durch Onanie hervorgerufene ätherische Kraftausstoßung wird durch einen Schemen aufgesaugt und für sein unheilvolles Treiben verwendet. Er stachelt sein Opfer wie auch immer an, die Handlungen weiterzuführen mit seinen pessimistischen Gedanken, Vorstellungen und Bildern, woraus er wieder kräftiger und stärker wird. Schreibt und meint das nicht auch Franz Bardon in seinem „Adepten"? Hören wir rein: „Die Geburt eines solchen (falls man das Wort Geburt hierfür überhaupt gebrauchen kann), ist ein Gesicht, ein schöner Körper einer lebenden Person oder auch nur ein Bild, ein Akt, eine pornographische Zeichnung oder sonst was Ähnliches, was die Sinneslust, den Geschlechtstrieb, reizt, wobei es gleich bleibt, ob es sich um ein weibliches oder männliches Wesen handelt. Hat die verliebte Person keine Möglichkeit, ihr persönliches Verlangen zu befriedigen, um so größer und heftiger wird die Sehnsucht, um so stärker und durchdringender wird so ein Schemen, da es sich lediglich von Sehnsuchtsgedanken nährt. Je mehr sich die betreffende Person gegen so eine unbefriedigte Liebe wehrt, um so zudringlicher wird der Schemen. Anfangs stellt er sich im Traume ein und lässt sein Opfer die schönsten Liebesgefühle durchleben. Später reizt er die Geschlechtslust und lässt mit sich im Traum den geschlechtlichen Akt ausführen. Die dadurch entstandenen Pollutionen verhelfen dem Schemen dazu, immer dichter zu werden, immer einflussreicher auf das Opfer einzuwirken, da gerade das Sperma konzentrierte Lebenskraft ist, die vom Schemen wie von einem Vampir aufgesogen wird. Hier geht es nicht um den grobstofflichen Samen, sondern nur um die im Samen enthaltene gestaute animalische Lebenskraft. Das Opfer verliert den Boden unter den Füßen, es verliert seine Willenskraft, und der Schemen gewinnt allmählich völlige Oberhand. Ist einer solchen Person das Schicksal nicht hold, um rechtzeitig entsprechend aufgeklärt zu werden und richtigen Ersatz oder eine Ablenkung in dieser Hinsicht zu finden, nimmt der Schemen immer gefährlichere Wirkungsformen an. Der Mensch wird verwirrt, er hört allmählich auf zu essen, seine Nerven sind überreizt und dergleichen mehr. Der Liebesschemen kann sich durch unbefriedigte Leidenschaft so verdichten, dass er direkt körperliche Formen annimmt, sein Opfer zu Onanie und anderen geschlechtlichen Ausschweifungen verleitet. Tausende von Opfern sind aus unglücklicher Liebe, unbefriedigter Leidenschaft durch Selbstmord den Schemen zum Opfer gefallen. Das erinnert lebhaft an die wahren Begebenheiten der Inkuben und Sukkuben des Mittelalters und an die damit verbundenen Hexenprozesse. Wahrlich ein gefährliches Vergnügen!

An Hand dieser zwei Beispiele kann der **Magier** die Wirkungsweise der Schemen beobachten, er kann sogar solche Schemen selbst bilden; allerdings läuft er immer Gefahr, früher oder später von ihnen beeinflusst und beherrscht zu werden. Er weiß um den Vorgang beim normalen Durchschnittsmenschen, sowie um die bewusste Erzeugung vom magischen Standpunkt aus, aber er wird sich **nicht** dazu verleiten lassen, diese Praktiken selbst vorzunehmen und bleibt **stets des magischen**

Wortes eingedenk, das heißt: „Liebe ist das Gesetz, jedoch Liebe unter Willen!" – Bardons Worte sollte man nie außer acht lassen! Deshalb sollte man schon

Erziehungsfehler verhüten.

Es liegt wohl bald an der Zeit, dass man durch gründliche und nicht mit Scheinmoral durchtränkte Aufklärung auch über die letzten unklaren Punkte Ruhe und Seelenharmonie in das gewaltige Heer der „Sünder" bringt und die Natürlichkeit dieser sexuellen Handlung für den Durchschnittsmenschen hervorheben. Aber selbstverständlich möchte ich keineswegs die Onanie empfehlen. Bekämpfen soll man diese Jugenddummheit, aber mit den Waffen der Vernunft, niemals durch Abschreckung! Sigmund Freud sagt richtig, dass jeder Trieb als solcher souverän und indiskutabel sei und, jenseits von Gut und Böse, von einer gütigen Natur die Bestimmung habe, in seinem ursprünglichen Sinne einen Lebensgewinn oder Lust zum Ziel zu haben. Wir haben die Pflicht, den fleischlich-sinnlichen Teil des Eros in Harmonie zu bringen mit dem wichtigeren geistigen Teil in uns. – Das ist die oberste Aufgabe der (hermetischen) Lebenskunst!

Aufklärung des Kindes

Es ist die heilige Pflicht des Erziehers, rechtzeitig für sexuelle Aufklärung zu sorgen. Warum scheut man sich denn so sehr vor diesem „heiklen" Thema? Es kann dies doch bloß das Schuldgefühl des Erziehers sein. Aber der Erzieher sollte frei und natürlich denken.

Es scheint manchmal, als wäre die ganze zivilisierte Menschheit mit Blindheit geschlagen und sähe nicht, welches Unglück aus dieser Unterlassungssünde erwächst. – Wollen wir es weiter dem Kindermädchen und älteren Gespielen überlassen, das Heiligste unserer Kinder zu beschmutzen und zu vergiften? Nein und nochmals nein! Der Fluch unserer Kinder darf nicht auch uns treffen. Es liegt uns Eltern in der Hand, durch natürliche Offenheit das Samenkorn einer heiligen, reinen Vorstellung über alles Sexuelle in der Seele unserer Kinder zu legen. Der erste Eindruck ist der tiefste. Und dieser Eindruck muss geheiligt und natürlich sein. Wir schützten so unsere Kinder vor all´ dem vielen Schmutz und der wahnwitzigen Vorstellung der Sünde.

Etwa im Alter vom sechsten bis achten Lebensjahr kommt das Kind in die sexuelle neugierige Zeit. Schon dann muss langsam die Aufklärung beginnen. Auf dem Lande ist dies leichter, da hier das Kind schon früh seine Beobachtungen am Tiere macht. Das Wachsen und Werden im Mutterleib kommt ihm als etwas Natürliches vor und stillt auch seinen Wissenshunger auf lange Zeit.

Dem Stadtkinde entgehen diese Beobachtungen. Es ist auf Befragen und Belauschen angewiesen, und niemals darf man dem Kinde auf solche Fragen falsche und unwirkliche Antworten geben oder es gar noch mit Tadel und Nichtbeantwortung strafen. Damit erreicht man, dass sich das Kind nur noch intensiver mit dem Sexuellen beschäftigt und besonders die Aufmerksamkeit mehr seinen Geschlechtsorganen zuwendet, mit denen es mit Vorliebe im Geheimen spielt. Die Grundlage zur Onanie ist damit geschaffen.

Es ist eine der größten Wohltaten für die junge Seele, wenn man ihnen bei ihren Konflikten rechtzeitig zu Hilfe kommt und dann ihre Aufmerksamkeit ablenkt auf Spiel und Lieblingsbeschäftigungen. Die Aufklärung kann nicht nach irgend einer Schablone erfolgen. Ein allgemein gültiges Rezept gibt es hier nicht. Hier muss sich der Erzieher vom Kinde leiten lassen und die Antworten haben sich den Fragen des neugierigen Kindes anzupassen.

Natürliche Lebensweise

Eine allgemein gültige Regel kann auch hier nicht aufgestellt werden, aber es liegt ja nahe, einzusehen, dass möglichst naturgemäße Lebensweise alle unnatürlichen Reizzustände herabmindert und verschwinden lässt.

Der erste Schritt bei der Bekämpfung der Onanie ist immer das vollständige Meiden aller äußeren Reizungen. Also mache Schluss mit dem Alkohol, Eiern, viel Fleisch, scharf gewürzten Speisen. Besonders abends soll jede naturwidrige Nahrung vermieden werden. Wie der gesunde Mensch leben soll, lehrt uns ja schon die Hermetik von Franz Bardon. Wer es noch nicht weiß, der lese seine Bücher, die in jedem Fall eine Fülle von wertvollen, praktischen Informationen über die richtige Lebensweise enthalten.

Sehr zu empfehlen ist auch Sport und jede körperliche Übung besonders das Schwimmen. Die Schlafstätte soll nicht allzu weich sein und das Bettzeug wenn möglich kühl (Leinen). In den nächsten Kapiteln stehen noch weitere Tipps.

Diese Regeln sollen aber nicht die Befürchtung heraufbeschwören, dass jeder Verstoß gegen dieselben sofort sich in erhöhtem Reizzustand auswirkt. Man darf auch hier nicht zu ängstlich sein und sich keiner hemmenden Autosuggestion hingeben.

Solche, die zu sehr in Leidenschaft geraten sind und zu oft das Verlangen der Entreizung verspüren, können im kritischen Augenblick zur Beseitigung des Reizes den Atem solange anhalten als möglich. Dann plötzlich und vollständig Ausatmen und den ganzen Oberkörper entspannen (Kopf, Arme schlaff herunterhängen lassen) und dies einige Male mit Vorsicht und Bedachtsamkeit wiederholen, worauf die Schwellung der Geschlechtsteile bei Mann und Frau nachlässt und verschwindet.

Anlässe und Feste meiden

In den früheren Zeiten herrschte an den Festen eine völlige Sexualfreiheit. Orgien der Leidenschaft brachten von Zeit zu Zeit eine Abwechslung in den Alltag. Heute sind die Feste und Anlässe sittlicher geworden und doch steht es in unserem modernen Zeitalter um alle Belustigungen weit schlimmer, als vor grauer Zeiten. Dort festete man nur zeitweise und ließ dann den Gefühlen normalen Lauf.

Heute hat man seine Belustigungen und Anlässe täglich und auch heute, noch mehr als früher, werden unsere Sinne angereizt – aber man ist „anständiger" geworden und lässt es dabei bleiben. Diese Moral kann natürlich nicht eingehalten werden. Die entfachten Triebe sind stärker und so bleibt dem belustigten Menschen nur zweierlei übrig: Entspannung durch natürlichen Sexualverkehr oder durch Selbsthilfe – Onanie! Ein Drittes könnte noch erwähnt werden, doch das ist eine seltene Pflanze und zudem sehr giftig – nämlich, die trotz aller Anreizung erzwungene Enthaltsamkeit, die andauernde Nervosität zur Folge hat und die heftigen Wünsche im Traum verwirklichen lässt, verbunden mit Ausstoßung der Sexual-Säfte bei Mann und Frau, sofern man die Askese nicht richtig durchführt!

Es ist also notwendig, dass alle diejenigen, die sich von der Onanie befreien wollen, solche fantasieaufpeitschenden Darbietungen meiden, als da sind die Kinos, Kabarett, Variete, Tingeltangel, Operette, Disco, Kirmes usw. Weg auch mit aller Schundliteratur und sogenannten spannenden Romane. Gewiss, es gibt auch gute spannende Romane, wie die „Sammlung sinnreicher okkulter Geschichten", es gibt auch gute Film, gute Musik, echte Kunst. Von all dem ist aber hier nicht die Rede, denn dieses echt Gute vermag den Menschen stärker und besser zu machen.

Die Dirne

Viele Onanisten leiden an einem Minderwertigkeitsgefühl, unter dem sie sich nur als für die Dirne passend fühlen. Es fehlt ihnen schon ganz der Mut, sich einem gesunden Mädchen anzuschließen. Der Verkehr mit der Dirne schließt jedoch große Nachteile in sich.

Ob man die Prostitution verwerfen oder annehmen soll, lasse ich hier dahingestellt. Es ist ja bekannt, dass die mit Recht gefürchteten Geschlechtskrankheiten auch durch den nicht käuflichen freien Geschlechtsverkehr verbreitet werden.

Aber etwas anderes fällt hier noch mehr ins Gewicht. Durch den Geschlechtsverkehr mit Dirnen gewöhnt sich der Mann zu sehr an „Unerlaubtes" und an scham- und lieblose Behandlung der Partnerin. Er bezahlt sie ja dafür und nach dem Verkehr verlässt er das Weib, dass er unendlich verachtet und nur sexuell begehrt. Wenn dann solche Männer dann später heiraten, können sie sich nur schwer die Liebe und Hingebung der unerfahrenen Frau erobern, denn sie verstehen von einer Liebeswerbung nichts. Die Dirne kam ihnen ja in allem entgegen. Die Frau ist aber sehr unbeholfen und wenn sie in ihrer natürlichen Hilflosigkeit vom Mann nicht verstanden oder gar misshandelt wird, kann aus der ganzen Liebesgemeinschaft eine bittere Aufgabe entstehen, die oft nie gelöst wird!

Ich kenne einige Patienten, die in der Ehe überhaupt impotent waren und den Geschlechtsverkehr nur außerhalb derselben ausführen konnten, nämlich dann, wenn alle Schranken der Scham und natürlicher Widerstand weggefallen waren – wie dies bei der Dirne des Abendlandes eben üblich ist. Anderen Ehemännern sitzt die Verachtung der Dirne noch so sehr in der Seele, dass sie später auch ihre Frau nach dem Sexualverkehr schroff und lieblos behandeln und so in tiefe Verzweiflung stürzen.

Aus diesen Hauptgründen ist die Dirne nicht zu empfehlen und dies besonders nicht, wenn der Onanist an einem Minderwertigkeitsgefühl den unschuldigen Frauen gegenüber leidet. Er muss dann lernen, sich in sexuellen Dingen nach Möglichkeit zu beherrschen. So steigt sein Selbstvertrauen wieder und lässt auch bei ihm die Fähigkeit und Kunst der Liebeswerbung um die unkäufliche Frau zu (das Gleiche gilt im umgekehrten Sinne auch heutzutage für die Onanistin. Der Hrsg.). Eine der

Grundbedingungen für eine glückliche Ehe ist dann erfüllt.

Die Ohnmacht des Willens

Nichts offenbart so sehr die Ohnmacht unseres bewussten Willens, wie gerade das Beispiel der Onanie! Warum hören die Menschen nicht einfach damit auf, wenn sie doch wissen, wie schädlich dieses Laster werden kann?

Ganz einfach darum, weil sie nicht können. Je mehr sie sich dagegen sträuben, desto schlimmer wird es. Und jedes Mal, wenn sie sich vornehmen, nicht mehr zu onanieren, lenken sie ihre Aufmerksamkeit erst recht darauf hin.

Es ist nun einmal so, dass alles das, was man mit Gewalt unterdrücken will, sich nur umso heftiger auswirkt. Es ist dies ein uraltes Gesetz unseres Seelenlebens, das vor Kurzem der große verstorbene Arzt Coue in schlichter Form der verirrten Menschheit predigte: Beim Kampf zwischen dem Willen und der Vorstellung (Gefühl, Gedanke) siegt ausnahmslos die Vorstellung! Hermetisch ausgedrückt heißt das, dass sich der Schemen gegen seine Beherrschung mit allen Mitteln wehrt und dadurch stärker zurückschlägt.

Dies mag eine moderne Fassung des bekannten Ausspruches vom Apostel Paulus sein, der sagt: „Das Gute, das ich möchte, tue ich nicht und das Schlechte, das ich nicht tun möchte, tue ich." Oder wie auch der Dichter Ovid bemerkte: „Ich sehe das Bessere und billige es, tue aber das Schlechtere."

Unser Wille ist ohnmächtig, wenn er nicht im Einklang steht mit unseren innersten Fühlen, denn nicht das was wir wollen, verwirklicht sich, sondern das, was wir denken.

Der Gewohnheitstrinker will nicht mehr trinken, hat aber dabei den Hintergedanken (Gefühl usw.), dass er wohl wieder trinken werde und dieser Gedanke verwirklicht sich. Er trinkt weiter. – Der Schüchterne will sich in der Gesellschaft korrekt benehmen, fürchtet aber sich zu blamieren – also blamiert er sich, und je mehr er es nicht will, desto dümmer tut er, denn es kommt nicht auf das Wollen an, sondern auf das gleichzeitige Denken!

Jemand leidet an Schlaflosigkeit und will einschlafen. Er denkt aber dabei, dass er ja doch wieder nicht schlafen könne, und je mehr er dann schlafen will, desto mehr erreicht er das, was er dabei denkt: Er wird wacher und zappeliger. – Der Onanist will nicht mehr die Dummheit begehen, denkt aber dabei, dass ihm das ja gar nicht möglich sei, und schon hat sich dieser Gedanke und das nicht gewollte verwirklicht: Er ist wieder rückfällig geworden. Er hat also nicht nur nicht das, was er wollte, erreicht, sondern gerade das Gegenteil davon.

Somit stimmt es, wenn Coue sagt: Jedes Mal wenn Wille und Vorstellung (Gedanke usw.) im Kampfe liegen, ist die Stärke der Vorstellungskraft proportional dem Quadrate der aufgewandten Willenskraft. Dieses Gesetz soll nicht mathematisch exakt aufgefasst werden, sondern nur den ganzen Verlauf besser darstellen:

Wille	Vorstellung
2	2x2 = 4
3	3x3 = 6
4	4x4 = 8

Solange man etwas erreichen will und dabei aber – bewusst oder unbewusst – überzeugt ist, es doch nicht zu können, solange kann man es nicht. Erst dann, wenn man sagen kann: Ich tue das oder jenes nicht – und dabei aber auch innerlich überzeugt davon ist, es nicht mehr zu tun, dann tut man es auch nicht mehr.

Das richtige Wollen ist somit ein Gleichlaufen des Willens mit der Überzeugung, das Gewollte auch durchführen zu können. Oder wie sich Coue einfach ausdrückte: Wenn Willenskraft und Vorstellungskraft (=Glaube!) miteinander gleichgerichtet sind, dann entsteht erst die eigentliche Willenskraft, die ihr Ziel erreicht!

Das ist alles schon richtig, aber – welcher Onanist ist so ohne Weiteres überzeugt davon, dass er nun jedes Mal, wenn er will, auch die Onanie unterlassen könne? Wohl keiner!

Also ergibt sich daraus die wichtige Regel: Nie Wollen, nie sich verkrampfen, solange man noch in Bezug auf die Durchführbarkeit des Gewollten im Zweifel ist. Denn je mehr man auf diese Weise „will", desto eher erreicht man das Gegenteil davon.

Schon im Jahre 1889 wies der Schweizer Psychiater Forel mit Nachdruck daraufhin, dass der Wille unseren Gefühlen gegenüber nachgeben müsse: „Da die Gefühle stärker sind als die Vorstellungen, ist naturgemäß ihre

Wirkung auf den Willen eine stärkere . . ." (Der Hypnotismus, S. 37). Oder: „Wenn wir uns nach etwas recht sehnen, das wir nicht haben, entstehen nicht selten umso intensiver die Gegenvorstellungen der Unerreichbarkeit unseres Wunsches. Besonders klar tritt dieser psychologische Zustand bei Herbeiwünschung subjektiver Gefühle hervor. Wollen wir diese erzwingen, so fliehen sie. Wer mit Gewalt und Bewusstsein schlafen will, wird vorübergehend kraftlos; wer sich mit Gewalt freuen will, ärgert sich usw. und je mehr Gewalt der oberbewusste Wille anwenden will, desto größer wird oft seine Niederlage, während die gleichen erwünschten Gefühle sich ganz von selbst einstellen, wenn man sich ohne Konzentration dem Glauben an diese hingeben kann, besonders mit Hilfe entsprechender Phantasievorstellungen . . .!" (Der Hypnotismus S. 79).

Das richtige Ziel

Es fällt mir eben ein Vorkommnis ein, das einigen meiner Patienten und mir vor etlichen Tagen widerfahren ist. Wir befanden uns auf einer Hochtour im Bündnerland. Majestätisch steht vor uns der zackige Berg im ewigen Schnee und Eis. Erwartungsvoll steigen wir aufwärts einen seltenen Genuss entgegen. Mittlerweile treffen wir mit einem Geisbub zusammen, der uns genau die richtige Angriffsstelle zum Aufstieg beschreibt, und marschieren dann wieder weiter. Da hörten wir nach einiger Zeit von weit unten den Hirtenbub rufen: Halloo . . . nicht dort durch . . .!, worauf er verschwand.

Schön, nun wussten wir, dass es nicht dadurch gehe, aber wo geht es dann durch? Das wussten wir natürlich nicht. Und so standen wir da, regelrecht „am Berg". Hätte uns der Kerl doch zugerufen, „rechts halten" oder „mehr links", dann hätten wir Bescheid gewusst, aber so . . . ?

Ruft man nicht auch den Onanisten zu: „Das darfst Du nicht machen!" Gewiss! Und dann weiß das arme Menschenkind, dass es das nicht machen soll und richtet seine ganze Aufmerksamkeit auf dieses „nicht" und dieses „nicht" ist dann sein Ziel. Allerdings das falsche Ziel. Dann ergeht es ihm, wie jenem bekannten Radfahrer: Er sieht von weitem auf der Straße einen liegen. Er will nicht auf den Stein losfahren, schaut sich aber den Stein an, fasst in scharf ins Auge, kommt näher – direkt auf den Stein zugefahren, – verkrampft sich – will nicht – und fährt doch mitten auf das Hindernis.

Er hat das falsche Ziel ins Auge gefasst und, solange er das im Auge hat, nützt ihm kein Sträuben, kein Wollen, er muss darüber kommen und je mehr er dies nicht will, desto schneller kommt er zum Sturz. Weil er die

Aufmerksamkeit immer mehr auf das Hindernis konzentrierte und weil nicht das, was er will, geschieht, sondern das, was man dabei denkt, was man ins Auge fasst. – Das Gesetz der das Gegenteil bewirkenden Anstrengung!

Wie macht es der geübte Radfahrer? Er sieht auf der Straße wohl die vielen Steine und Hindernisse. Doch er sagt sich ganz richtig: Was geht mich der Stein an? Nichts geht er mich an, rein nichts! Was mich angeht, ist das richtige Ziel! Nämlich die Spanne freien Weges zwischen dem Stein und dem Straßenrand. Also schaue ich dort auf die freie Straße! Und ruhig fährt er neben dem Stein vorbei. Er hat das bessere Ziel gewählt.

Genau so macht es auch der Lebenskünstler. Auch bei ihm ist der Lebensweg mit Steinen und mit Hindernissen besät. Aber um die kümmert er sich nicht, denn er hat ein besseres Ziel vor Augen. Und wenn die Steine dicht kommen, dann steigt er ab, nimmt sein Rad auf den Rücken und überquert die Felsblöcke, immer das gute Ziel im Auge, das weit vor ihm, am Ende der Straße liegt. Und dieses Ziel wird er erreichen!

Liebe(r) Freund(in), der Du jener „geheimen Sünde" unterlegen bist, jenem großen Stein auf Deinem Lebenswege, merke Dir, dass Du Dich nicht mehr um dieses Hindernis kümmern sollst. Solange Du das dennoch tust, solange kommst Du nicht daran vorüber. Du musst ein ganz anderes Ziel ins Auge fassen, dann erst kommt die Befreiung. Nie mehr „nicht wollen", sondern etwas anderes tun! Ein gutes positives Ziel musst Du Dir schaffen. Die Onanie soll Dich nichts mehr angehen!

Ablenkung

Die Aufmerksamkeit muss also von der Onanie weggerichtet werden, indem man jedes Mal, wenn die „Gefahr" naht, etwas tut, irgend etwas, das in gar keiner Beziehung steht mit dem Zustand, aus dem man heraus möchte. Kurz, die Aufmerksamkeit muss abgelenkt werden, darf sich nicht mit der Onanie befassen!

Viele Erzieher geben den an und für sich guten Rat, sofort etwas zu arbeiten, um sich abzulenken. Aber die Patienten sind oft nicht einmal fähig, sich zur Arbeit aufzuraffen. Darum muss man auch hier anders vorgehen, um siegreich aus dem Kampfe herauszukommen. Bei den vielen Onanisten, die sich von mir beraten ließen, hat das Handeln „als ob" nach Pater Eymieu immer am besten geholfen.

Neben meinem, leider allzu früh dahingeschiedenen Lehrmeister Emile

Coue, dem Begründer der Neuen Schule von Nancy und Neugeistler par exellence, hält seit Jahren in Marseille der Gelehrte Jesuiten-Pater Antonin Eymieu aufsehenerregend volkstümliche Vorträge, genau so, wie dies Coue im nördlichen Teil Frankreichs und weit darüber hinaus getan hatte.

Diese Vorträge hat Eymieu zum Teil in einem dreibändigen Werke niedergelegt: „Le Gouvernement de soimeme". Leider liegt meines Wissens eine Übersetzung ins Deutsche noch nicht vor. Nachfolgend eine kurze Skizze des „comme si" (als ob) von Eymieu:

Nehmen wir den Fall eines Kataleptikers (Katalepsie = Starrsucht). Wenn man seine Stirn runzelt, so wird er traurig, ballt man ihm die Fäuste, dann wird er zornig. Aber auch bei Gesunden beobachtet man, dass das Spielen mit einem Gefühl, recht leicht dieses Gefühl selbst hervorbringt. Zum Beispiel die kriegerische Aufmachung, Uniformen, bringt die kriegerische Stimmung. Wenn man traurig ist und tut dann, „als ob" man lustig ist, dadurch, dass man die Mundwinkel hochzieht (lächelt), wird bald auch das Gefühl der Fröhlichkeit eintreten. Hat jemand Angst und Furcht, dann soll er sich nur vorstellen, wie sich ein Furchtloser in dieser Situation benehmen würde. Darauf tut man, „als ob" man dieser Furchtlose sei, und weg ist die Angst!

Turenne (geb. 11.09.1611 in Sedan, Oberbefehlshaber der französischen Truppen in Deutschland i. J. 1644 und 1672. Gefallen bei Sasbach 27.7. 1675), der große Schlachtengewinner, war von Natur aus ein echter Feigling und überaus furchtsam. Vor jeder Schlacht bekam er eine entsetzliche Angst und wenn diese Angst den Höhepunkt erreicht hatte, pflegte er sich folgende Ansprache zu halten: „Wie, Du Aas, Du hast Angst!? – Du zitterst!? – Na, warte, ich will Dir zeigen!" Und sofort tat er, „als ob er kühn und mutig sei", spornte sein Ross und stürzte sich gerade immer in das Schlachtengewühl, um dann kaltblütig seine bekannten Heldentaten zu vollbringen.

Ich kenne einen langjährigen Onanisten, der jedes Mal dadurch die Anwandlung der Schwäche überwand, dass er etwa folgendermaßen laut mit sich sprach: „Wer bist Du? – Ich bin Emil Meier. – Was ist der Emil Meier? – Ein anständiger und charakterfester Mensch! – Was würde jetzt nun ein anständiger Mensch tun? – Er würde arbeiten, arbeiten, etwas Gutes, Vernünftiges tun! – Also, Kerl, arbeite, los! Weiter, an die Arbeit!" – Und schon arbeitete er mit Eifer weiter. Die Aufmerksamkeit war vom Schlimmen auf das Gute abgeleitet worden.

Man merke sich also, dass man immer so handeln soll „als ob" man das

Gefühl, welches man haben möchte, schon hätte. Aber nie so handeln, wie es einem Gefühl entspricht, das man zu verdrängen wünscht.

Pater Eymieu schreibt darüber: „Ich sage, handelt immer so, „als ob" ihr das Gefühl schon hättet, das ihr zu haben wünscht. Denn ich darf voraussetzen, dass ihr rechtschaffene Gefühle zu haben wünscht, und dass die Handlungen, die diese Gefühle ausdrücken, nicht nur erlaubt, sondern auch geboten sind!"

„Möchten Sie bescheiden, großmütig, energisch sein? Was für ein Mittel gibt es, so zu werden? – Tun sie „als ob". Im Schmieden wird man zum Schmied!!

Indem man immer, wenn es nötig ist, so tut, „als ob" man gesund, mutig, fröhlich sei, hält man fortgesetzt das Bild der frohen, von Sünde freien Gesundheit fest. Dieses Bild prägt sich tiefer und tiefer in unserem Unterbewusstsein fest, und verwirklicht sich dann auch bald.

Mit dem Übel selbst befassen wir uns nicht mehr. Das geht den wahrhaft frommen Menschen auch rein gar nichts an! Nur das Gute, Wahre und Gesunde halten wir fest!

Sublimierung der Triebe

Sublimierung der Triebe bedeutet eine Vergeistigung derselben (von sublimis = das Erhabene). Wie schon im Kapitel „Triebe" erwähnt wurde, lässt sich der Sexualtrieb bei einen großen Teil umwandeln, um dann so auf höheren kulturellen Gebieten nutzbringend angewandt werden zu können (Kunst, Beruf, Sport usw.). Das Wesentliche über diese Umleitung wurde zum Teil schon im vorhergehenden Kapitel gesagt. Aber vollständig lässt sich der Sexualtrieb beim normalen Menschen nicht umtransformieren. Ein Rest bleibt übrig und mit dem muss der Einzelne fertig werden – am besten durch eine gesunde Berücksichtigung und Einstellung, dass dadurch das Schöpferische Prinzip zum Ausdruck kommt.

Viele werden aber mit dem Rest nicht fertig, weil sie durch falsche Moralität in die Irre geführt worden sind. Und dieser unerledigte Rest führt unweigerlich zu Neurosen (Nervenkrankheit bzw. geistige Störungen). Dies mag bei besonders Triebreichen die Regel sein. Bei triebarmen Menschen ist der übrig gebliebene Teil der Libido gering genug, um keine weiteren Störungen zu bewirken. Jeder Mensch ist ein Stück für sich, und darum kann bei der Sexualhygiene eben nie ein allgemein gültiger Maßstab angelegt werden.

In Bezug auf frühreife „aufgeweckte" Kinder ist weiter vorne schon erwähnt worden, dass auch bei ihnen schon frühzeitig die geschlechtlichen Gefühle umtransformiert, abgeleitet werden sollen dadurch, dass die Aufmerksamkeit der Kinder auf nützliche Dinge gerichtet wird. Besonders sind hier Lieblingsbeschäftigungen (Basteln, Tier- und Briefmarken sammlungen, Zeichnen, Lesen usw.) recht günstig gelegene Ablenkungskanäle.

Eine amerikanische New-Thoughterin, die viel mehr erwähnt werden sollte, Frau Dr. med. Alice B. Stockham, gibt in ihrem Buch „Ethik der Ehe" einer Missionarin, die sich ihrer geheimen Sünde nicht erwehren konnte, nachfolgende schöne Anleitung zur Sublimierung:

„Werte Miss C.: Ich danke Ihnen aufrichtig für Ihr Vertrauen. Sicher gibt es Hilfe für Sie, da Sie so sehr danach verlangen. Ich denke, Sie hätten keinen solchen Kampf zu führen gehabt, wenn Sie verstanden hätten, dass Leidenschaft nichts ist als ein Beweis oder Anzeichen schöpferischer Kraft. Dies Energie muss nun nicht unbedingt zur Zeugung verwendet werden, sondern mag sich in irgendein gutes Werk umsetzen. Was Sie daraus gestalten, hängt einfach davon ab, wie Sie sich zu ihr stellen. Wenn das Gefühl erwacht, so sagen Sie schnell: „Ja, ich weiß, dass ich ein Schöpfer bin. Was will ich schaffen? (Ich will diese Kraft für produktive Zweck gebrauchen!)" – Dann können Sie Pläne machen (und diese Energie dafür nützen) oder anderen helfen, oder Schule halten, oder ein Heim bauen, oder irgendeine Lebensaufgabe anpacken. Besinnen Sie sich nicht lange! Denken Sie an Ihre Pläne, schaffen Sie! Und gleich wird, was Sie Versuchung heißen, nicht mehr da sein! Denn sie ist in Wirklichkeit ein Ruf Gottes. Wissen Sie, dass wir nicht recht handeln, wenn wir diese Gefühle als niedrig betrachten? Setzen Sie diese Vorstellung beiseite!

Die Behandlung liegt am sichersten in der Befolgung des Gesetzes. Fühlen Sie Ihre schöpferische Kraft guten Aufgaben zu, ungeheuren Aufgaben, wenn notwendig. Ihre Hingabe an gute Werke ist ganz richtig. Geben Sie nun aber besonders Ihre Schöpferenergie dafür hin! Ihr Anzeichen von Leidenschaft muss ein Ruf Gottes zu neuem Werk, zu einer Schöpfung betrachtet werden. Dann denken Sie einfach, was das sein könne.

Es ist nicht das Fleisch das ruft; es ist der Geist, und Gehorsam bedeutet Heilung.

Sagen Sie immer und immer wieder: „Ich bin ein Schöpfer! Was will ich schaffen?" – Lauschen Sie, lauschen Sie und Gott wird antworten . . ."

Suggestionsformeln

Ich kann hier auf die eigentliche Technik der Selbstsuggestion nicht eingehen. Diese Zeilen richte ich daher auch an solche, die mit der Suggestionstechnik vertraut sind.

Alles das, was wir vor dem Einschlafen denken, hat das Bestreben, sich zu verwirklichen, ganz gleich, ob es etwas Gutes, Böses, Gesundes, Krankes ist. Wenn man mit den Gedanken einschläft, morgens zu einer bestimmten Stunde zu erwachen, dann erwacht man zu dieser Stunde mit dem Schlage der Glocke. Schläft man mit düsteren krankheitserregenden Gedanken ein, so erwachen wir morgens deprimiert und arbeitsmüde. Aber wenn man sich mit den Gedanken zu Ruhe legt, dass man sich anderentags froh und arbeitsfreudig fühlen werde, dann ist es einem nach dem Erwachen auch leicht zu Mute.

Diejenigen Menschen, denen es in Folge ihrer Leiden noch nicht möglich ist, vor dem Einschlafen zu denken, dass es besser werde, müssen sich die Gedanken, die sich verwirklichen sollen, laut vorsagen, so dass sie alles Gesagte noch mit den Ohren wahrnehmen können. Dies muss ganz mühelos und leicht geschehen, so dass man dabei möglichst schnell in den Schlaf kommt.

Leider werden aber bei der Formulierung dieser Suggestionsformeln oft schwere Fehler gemacht, so dass besonders bei der Onanie das Übel noch verschlimmert wird.

Wir sind uns darüber klar, dass das Übel, das wir beseitigen möchten, uns gar nichts mehr angehen darf. Dieses ist besonders bei Leidenschaften der Fall. Solange man sich noch mit ihnen beschäftigt, solange kriegt man sie nicht los. – Solange der Radfahrer den Stein im Auge behält, solange kommt er immer wieder zu Fall!

Die Suggestionsformel darf sich im allgemeinen nie mit der Krankheit befassen. Tut sie es dennoch, dann wird während der Suggestion die Aufmerksamkeit unwillkürlich auf das Leiden gerichtet, das dadurch wieder fixiert wird. Wenn sich also jemand suggeriert: Ich werde von heute an nicht mehr onanieren", dann darf er sich nicht wundern, wenn es ihm nun nur noch mehr dazu drängt. Man soll den Teufel nicht an die Wand malen!

Wenn man sich aber die Suggestion gibt: „Von heute an fühle ich mich voll innerer Ruhe und Heiterkeit", dann ist das „bessere Ziel" etwas, das mit der Onanie nichts, gar nichts gemein hat. Und wenn man dieses Ziel erreicht hat und voll innerer Ruhe und Heiterkeit ist, dann ist es schon gut. Jedenfalls haben wir dann die Onanie normal überwunden.

Jeder Praktikant soll sich selber überlegen, welche Form der Suggestion für ihn die bessere ist, und danach handeln. Der Erfolg wird in von der Richtigkeit seiner Entscheidung überzeugen!

Das Formulieren von guten, positiven Formeln ist Sache des Einzelnen. Eine Schablone taugt hier nichts, denn jeder Mensch fühlt wieder anders. Dessen ungeachtet lasse ich hier ein paar Muttersuggestionsformeln folgen. Sie stammen aus der Praxis und wurden von Onanisten selbstständig gebildet und mit Erfolg angewandt:

- „Mein innerstes Selbst wird zukünftighin beherrscht sein von Weisheit, Güte, Schönheit, Friede, Gerechtigkeit. Ich werde frei und gesund!"
- „In mir wird es ruhig, ganz ruhig und eine große Freude zur Arbeit beherrscht mich. Ich werde mich morgen und alle Tage froh, frei und immer fröhlicher fühlen."
- „Ich werde rein wie Christus!"
- „Von jetzt an werde ich meine guten Entschlüsse immer sofort fassen und durchführen. Ich werde mutig, mutig und rein, wie jung Siegfried!"
- „Du hast mich besessen – Du wirst mich nicht mehr besitzen!"
- „Ich muss von jetzt an stark sein. Ich muss Stand halten. Jetzt muss es gut kommen!" (Diese Art Suggestion bedeutet ein gewaltiges Sichaufrecken und wirkt oft überraschend schnell!)
- „Jeden Tag werde ich in dieser Hinsicht ruhiger, stärker und froher, ruhiger, stärker und froher, ruhiger usw."
- Dem Mutigen gehört die Welt, also werde ich mutig. Was mich nicht umbringt, macht mich täglich stärker."

Liebesziel

Onanie ist etwas Halbes, denn sie erlaubt dem Menschen mühelos sinnliche Lust und hält ihn vor allem ab von jeder normalem Liebeswerbung bei anderen Geschlecht. Man betrachtet die Onanie gerne als Übergangsstadium, als einen minderwertigen (vorübergehenden) Ersatz des normalen Geschlechtsleben. Dieser Ersatz sollte daher auch so schnell als möglich aufgegeben werden und aus hermetischer Sicht unterbunden bzw.

beherrscht werden, was vielen allerdings erst nach Jahren gelingt. Deswegen sind aber solche nicht schwächer oder minderwertiger, als andere. Der Reichtum am Trieb mag bei ihnen nur größer sein als die Kenntnis der Wahrheit!

Nicht etwa darum, dass Onanie sündhaft oder schädlich ist, müssen die geschlechtlichen Kräfte abgeleitet werden, sondern weil der Mensch die wahre kosmische Liebe nur kennenlernen kann, wenn er seinen tierischen Trieb unter seinen Willen bekommt. Denn um zu dieser Liebe zu kommen, muss er all seine Kräfte frei machen, muss stark sein, entschlossen, selbstsicher. Und das wird der Mensch erst, wenn er seine geschlechtlichen Triebe beherrscht und diese umzuleiten versteht. Mit jedem Erfolg auf diesem Gebiet wächst seine Sicherheit und Kraft.

So herangereift kann dann der Jüngling mit Mannesgefühl, rücksichtsvoll und doch erobernd die Liebeswerbung beim Weibe durchführen und die Frau beglücken.

Dass bei solchen herangereiften Menschen nicht die körperliche, sondern in erster Linie die geistig-seelische Liebe bei der Beziehung eine Rolle spielt, ist selbstverständlich! Und erst diese Form der Liebe bringt das Lebensglück und bildet die vollständige Erfüllung des Liebeszieles!

Schlusswort

Unser Körper kann nicht denken, er kann sich nicht entwickeln, nicht bewegen, denn er ist aus toten Stoffen zusammengefügt. Er kann nicht atmen und Leben. Erst der Geist gibt im die Kraft. Es ist somit der Geist, der dem Körper Leben gibt und der alle die vielen Organe arbeiten lässt. Es ist der Geist, der alle die vielen „unwillkürlichen" Muskelbewegungen und physischen Vorgänge leitet.

Aber es ist Tatsache, dass dieser Geist durch bewusste Verstandestätigkeit geleitet werden kann. Dadurch können letzten Endes alle Organfunktionen, alle Lebensvorgänge bewusst beeinflusst werden. Gerade die hermetischen Bücher haben auf diese Möglichkeit immer wieder mit größtem Nachdruck hingewiesen: Der Pulsschlag kann bewusst beeinflusst werde, ebenso die Tätigkeit der Haut, der Kapillaren, Leber, Niere, Verdauung, Atmung usw.

Die moderne Technik der Autosuggestion zeigt uns heute, dass es keine Organfunktion mehr gibt, die nicht durch bewusste Geistestätigkeit beeinflusst werden könnte.

Das Unterbewusstsein lenkt alles in uns, das Körperliche, wie das

Seelische. Das Unterbewusstsein beaufsichtigt das Funktionieren aller Organe unseres Ich bis hin zur kleinsten Zelle durch Vermittlung der Nerven.

Der Mensch kann also die Obergewalt des Geistes über den Körper erlangen. Durch bewusste Übung aller Geisteskräfte erlangt der Mensch Gesundheit und Seelenharmonie und die Gewalt über den Körper.

Das gilt auch von den Sexualorganen. Denn es ist der Geist, der sich regt! Und die geistigen Kräfte soll der Mensch veredeln und bewusst leiten. Es kann in seiner Hand liegen, diesen geistigen Kraftstrom in seine Sexualorgane zum „schöpferischen Arbeiten" strömen zu lassen oder ihn abzuleiten zu nutzbringender Verwendung, zu guten Zwecken und hohen Lebenszielen.

Der größte Ruhm des Menschen ist,
Sich selbst zu meistern!

2. Eugen Grosche

Selbst die Fraternitas Saturni empfiehlt ihren Schüler zum Beherrschen ihres Triebes die Übung der Umwandlung des Sexus. Das Warum wird hier nicht erörtert. Im „Magischen Briefe – Spaltungsmagie" steht: „Und nun eine Übung, die Du als wichtigste zu betrachten hast. Sie ist auch die schwerste. Du weißt ja, dass das Triebleben, in Sonderheit das Sexualempfinden stärkste Kraftquellen darstellt. Dein Sperma (Vaginalsekret) enthält Prana in konzentrierter Form, denn daran ist die schaffende, gestaltende Lebenskraft gebunden. Die vorgenannten Übungen, die entsprechende Lebensweise, werden Deine Spermabildung stark erhöhen und dadurch auch Dein sexuelles Triebleben erheblich steigern. So wird es auf alle Weise Ausgleich suchen. An Dir ist es, diese gewaltige Kraft richtig zu lenken, sie nie zu vergeuden oder zwecklos abzugeben. Durch Deine Denkübungen hast Du ja Dein Bewusstsein gereinigt von unreinen, niedrigen Schwingungen. Davor bist Du also geschützt. Aber die Natur sucht sich einen Ausweg, um überschüssige Kräfte, die nicht gebraucht werden, abzustoßen, damit sie nicht belastend wirken. Das sind in diesem Falle die Pollutionen. An sich also ein natürlicher Vorgang, wenn er auch mit recht unangenehmen Nebenerscheinungen verbunden ist (Träume hässlicher Art, Kopfdruck, Mattigkeit usw.). Aber, diese überschüssige, gewaltige Kraft darfst Du nicht ungenutzt abstoßen, denn sie ist eine Quelle erhöhter Strahlungsfähigkeit. So müssen die Pollutionen ohne die Neutralisierung durch normalen Sexualverkehr unterbleiben. Du musst diese Zeugungskräfte umwandeln, transmutieren in Geisteskräfte, die Du dann für Dich oder zum Wohle Deiner Mitmenschen anwenden kannst. Die Übung zur Umwandlung der Sexualkraft in geistige ist nun folgende: Beachte hierbei jede Anweisung genau, nichts ist dabei unwichtig. Der kleinste Fehler hindert den Erfolg, erreicht das Gegenteil. Du kannst sie nur nach der vorhergehenden Schulung fruchtbringend anwenden. Es hat vorher keinen Zweck. Wenn Du also keinen Schaden erleiden willst, so übe erst, wenn Du Dich in allem anderen sicher fühlst und Du Körper und Gefühl, Willen und Vorstellungskraft restlos beherrschst. Du kannst nun die Übung in zwei Arten ausführen, und zwar in folgender Weise: Begebe Dich in den persischen Sitz: Atme tief, rhythmisch, im Einklang mit Deinem Pulsschlag. Konzentriere Dich ganz auf Dein Ego und reinige Dein Bewusstsein von allen erotischen Gedanken. Wenn Du so fühlst, dass

Du im kosmischen Rhythmus schwingst, Ruhe und Harmonie in Dir ist, richte Deinen Blick – ohne jede sexuelle Regung auf Deine Zeugungsorgane, indem Du dabei leicht den Kopf nach vorn senkst. Nun stelle Dir durch Deine mentale Bildkraft vor, wie sich die in Deinem Sperma (Vaginalsekret) höchstkonzentrierte, ätherische Prana-Energie von der Materie der Spermatozoen löst und spaltet, und ziehe beim Einatmen diese Energie bewusst in den Solar-Plexus. Du musst ein Strömen von den Zeugungsorganen bis zum Solar-Plexus fühlen. Halte den Atem rhythmisch an, mit der Vorstellung, dass der Solar-Plexus nunmehr die Kraft in sich aufnimmt. Dann atme aus mit der Bewusstseinseinstellung der wachsenden Kraftaufnahme und des aufgespeicherten Energiebesitzes. Die Hände ruhen bei dieser Übung leicht, rechtwinkelig auf Deinen Oberschenkeln. Die Sexualorgane dürfen bei dieser Übung nicht durchblutet werden.

Die beste Zeit für diese Übung ist, wenn Du fühlst, dass Dein Körper Überfluss an „Sperma" gebildet hat und nach Ausgleich drängt. Dann wandle diese Kraft um und speichere sie auf. Dadurch werden überflüssige Ausscheidungen vermieden und Deine Schwingungskraft gestärkt. Die Zeugungssäfte, ihres Pranas entzogen, haben keine Antriebskraft mehr, werden vom Körper aufgesogen und durch den natürlichen Stoffwechsel ausgeschieden. Somit schwindet jeder innerliche Druck. Dein Begierdeleben wird reiner, ruhiger und harmonischer!

Jedoch eine Warnung für etwaigen Übereifer Deinerseits! Du darfst diese Übungen nicht immer oder zu oft vornehmen, sonst tritt leicht geistige und physische Impotenz ein, und das soll nicht Dein Ziel sein! Fasse es so auf und erkenne: Deine menschlichen Eigenschaften, besonders die dem Triebwillen entspringen, sollen nicht ausgerottet oder vernichtet werden, sondern Du sollst sie nur restlos beherrschen und lenken können und jede unnütze Kraftabgabe durch Deinen mentalen Willen vermeiden.

Die zweite Form dieser Übung beruht auf einer anderen Erkenntniseinstellung und Wirksamkeit. Sie dient zur Stärkung Deiner Gehirnkraft (Denken und Wollen). Du kannst sie als Transmutationsübung Deiner Zeugungskraft vornehmen, oder als einfache Stärkungsübung. Erinnern muss ich Dich daran, dass der Atem als Polarspannung verschiedene geistige Wirksamkeit besitzt. Ob Du durch die Nase rechts oder links atmest, ist ein Unterschied. Darauf beruht diese Übung, welche also die Spannungsströmungen von Plus = + und Minus = – Deines Körpers zu Hilfe nimmt. Du weißt, dass Prana im Menschen verschiedene Schwingungs- bzw. Bewegungsstufen darstellt. So ist der Atem linksseitig

„Ida" (magnetisch), rechtsseitig „Pingala" (elektrisch), während der Übergang, oder die kurze Ruhe „Sushumna" (Akasha) bedeutet! (Aber Vorsicht: Man arbeitet mit den Fluiden – siehe 8. Stufe im „Adepten"! Der Hrsg.) Diesen Wechsel der rhythmischen, polaren Strömungen Deines Körpers wirst Du noch besonders bei den Tattwaschwingungen gebrauchen!

Nach dieser Wiederholung, die ich für notwendig hielt, teile ich Dir nun die Übung mit: Nimm den persischen Sitz ein! Atme tief und rhythmisch! (Nach Pulseinheiten.) Konzentriere Dich wie in voriger Übung. Nun kontrolliere durch Zuhalten des einen oder anderen Nasenloches, wie Du augenblicklich schwingst, d. h. wo Dein Atemstrom leicht ohne Hemmung ein- und austritt. Damit fange an einzuatmen. Angenommen, „Ida" strömt leicht, ungehemmt, so schließe mit dem Zeigefinger das rechte Nasenloch, dabei halte den Ellbogen recht hoch, Kopf leicht nach hinten geneigt, Hand zur Faust geballt. So atme also links tief, langsam und rhythmisch ein. Dabei Konzentration, wie in voriger Übung, nur ziehst Du die Pranakraft in das Gehirn, speicherst sie in der Zirbeldrüse auf. Dann: Anhalten des Atems und Verschließen des linken Nasenloches mit dem linken Zeigefinger! Du schließt die Augen, fühlst die Kraft strömen, die Wirbelsäule entlang und sich im Gehirn sammeln. Dann: Öffnen des rechten Nasenloches, dabei Hand flach öffnen, ausatmen mit Pingala, Hand langsam senken, darauf sofort wieder rechts einatmen, anhalten wie eben beschrieben, links öffnen, „Ida" ausströmen lassen, wieder links einatmen usw. Dies die Übung mit Umwandlung der Zeugungskraft und Speicherung in der Zirbeldrüse. Nun kannst Du die Übung auch einfach ausführen durch entsprechende Änderung der Konzentration und Vorstellung, indem Du allgemein das Prana im Gehirn sammelst. Es kommt ja darauf an, welchen Zweck Du verfolgst. Willst Du nur Deine Denk- und Willenskraft stärken, und ist Dein Körper nicht in der Zeit des Spermaüberflusses, so übe in eben beschriebener Weise."

3. H. E. Douval

Auch H. E. Douval erwähnt die Transmutation in seinem ersten Band der „Bücher der praktischen Magie": „Leider verbietet es der Rahmen dieser Arbeit, ein völliges für uns geeignetes Atemsystem aufzustellen. Am besten ist es freilich, wenn jeder sich – seiner Konstitution entsprechend – ein eigenes System aufbauen würde. Mit dem Ein- und Ausatmen verbinden wir in unserer Vorstellung einen geschlossenen „Strom-Kreis". Dieser Kreis wird imaginativ geschlossen zwischen Hirn- und Sexual-Chakra (magisches Kraftzentrum).

1. Beim Ausatmen strömt in einem gedachten Bogen die beherrschende Hirnkraft – die ja absoluter Herr des sexuellen Impulses sein soll – in die Sexualsphäre.
2. Beim Einatmen strömt in einer gedachten „Röhre" die Sexualkraft in das Hirn, dort alle Nerven-Zentren belebend und anschließend an alle Körperteile Kraft und Gesundheit verteilend."

Doch auch im Buch „Eros und Magie" spricht der Autor von der unbedingten Beherrschung des Triebes zur Erzielung der Verbundenheit mit seiner Gottheit. Denn diese kommt nur, wenn der Becher rein ist, damit sie den göttlichen Wein einschenken kann und er nicht für sinnlose Zwecke „getrunken" wird. Dafür ist es wichtig, dass

- man lieber kämpfend untergeht, als schwelgend vernichtet zu werden, und dass man nur
- Herr über andere sein kann, welches eine alte Weisheit ist, wenn man sich **selbst beherrscht**!

In diesem obengenannten Werk schildert er folgende Transmutations-übungen:

Wir ziehen uns völlig von der Außenwelt zurück, begeben uns in einen tiefen Entspannungszustand, lassen uns durch nichts mehr stören und bringen den „unteren Punkt" (des Sexualzentrums) an der Wirbelsäule zum Aufleuchten. Doch wir begnügen uns nicht mit diesem „Punkt", sondern lassen ihn aufsteigen, so dass das Rückenmark als „Stab" (Hermes-Stab) aufglüht und leichte Wärme abgibt. Diese leuchtende Wärme nun führen wir bis zum Nacken. Wir halten den glühenden „Hermesstab", so lange es uns nur möglich ist, imaginativ fest.

Die Verstärkung aber wird erreicht durch ein Verweilen in diesem Zustand, freilich nicht länger als eine Viertelstunde täglicher Gesamtübungsdauer. Wir lassen uns nicht stören, auch nicht durch Misserfolge entmutigen, sondern üben unentwegt weiter, stets von Neuem beginnend, bis schließlich das Ziel erreicht ist.

Die sexuellen Kräfte strömen im „Hermesstab" aufwärts. Im Hirn befinden sich die kosmischen Kräfte und vereinigen sich dort mit den von unten einfließenden, nunmehr in schöpferischen Kräften umgeformten des menschlichen Organismus.

Die Übung gliedert sich mit der Lebenskraft fortab in zwei Phasen, welche sind:

- Erste Phase: Ausatmen: Die aufsteigenden schöpferischen Kräfte verlassen durch den Hermesstab den Körper, durch die Fontanelle im Schädel und gehen in den Kosmos ein und verbleiben in Verbindung mit unserem Körper, denn:
- Zweite Phase: Einatmen: Durch kosmisch-göttliche Kräfte verstärkt stellen wir uns ihr Einströmen deutlich durch die Fontanelle vor, atmen wir den ausgeströmten Kräftevorrat über dem Kopf – also vermehrt und vervielfacht in seiner Wirkung durch die Kraft des Kosmos – wieder ein, welcher nach unserer Vorstellung wirkt. Wir vergessen dabei niemals das ursprüngliche Ziel: Die Transmutation.

Aus diesen, den alten Geheimlehren entnommenen, Hauptpunkten geht ein Grundsatz hervor, der für unsere Arbeit von großer Wichtigkeit ist: Vorstellungskraft ist an die (schöpferische) Zeugungskraft gebunden. Zeugungskraft kann ohne Vorstellungskraft (Imagination) nicht kosmisch-schöpferisch wirken. Dieses Miteinander-Verwobensein der beiden Grundkräfte des Menschen (geistige Vorstellung und schöpferische Kraft) ist der Schlüssel letztlich zu allen Geheimnissen der Magie.

Die nachstehend geschilderte Übung sollte erst dann vollbracht werden, wenn die Hauptübung sicher beherrscht wird, denn nur dann sind Fortschritte zu erwarten, die besonders darin liegen, dass beide Übungen sich gegenseitig befruchten und steigern. Die einzelnen Phasen der „Ergänzungs-Übung" sehen wie folgt aus:

1. Die Grundtendenz ist die Umwandlung der Sexualkraft: Der „Punkt" der Hauptübung wird zum Aufleuchten gebracht; es wird ein möglichst tiefer Versenkungsgrad angestrebt; die Abziehung von der Außenwelt muss vollständig sein.

2. Statt des Fortgangs der Hauptübung tritt nun nachstehende Phase ein: Der „Punkt" (am Ende des Rückenmarks, des Hermesstabes) wird zum „Rotieren", zum „Schwingen" und „Kreisen" gebracht; während dieses Kreisens verkleinert sich der glühende Punkt in unserer geistigen Vorstellung ständig, bis er sich gänzlich aufgelöst hat.

3. Anstelle des „erloschenen Funkens" ist nun völlige Dunkelheit getreten. Wir hüten uns an dieser Stelle der Übung, einen Gedanken, eine Empfindung, eine Wahrnehmung oder eine neue Vorstellung in uns auftauchen zu lassen. Wir verharren im „Vakuum", also in einem Zustand völliger „Leere".

4. Nur durch längere Übungsreihen wird erreicht, dass die Zeitdauer dieser gänzlichen Leere verlängert werden kann; doch überschreitet unsere Gesamt-Tagesübung – getrennt von der Hauptübung, die ja ihre Zeit fordert und auch täglich absolviert werden sollte – nicht 15 Minuten.

5. Ist es gelungen, 5 Sekunden oder mehr völlig der Leere hingegeben zuzubringen, also ohne Wahrnehmung der Außen- oder Innenwelt, ist die Grundphase des Vakuums erreicht.

6. Die Verstärkung besteht nunmehr darin, die Zeit vollständiger („absoluter") Leere zu verlängern, ohne aber zu dem Extrem völliger Ekstase überzugehen, die einer anderen Übungsmethodik – und anderer Zielsetzung – vorbehalten bleibt.

7. Das Geheimnis der „Gedankenleere" ist die Kraft des Vakuums. Der Kosmos – weder Makro- noch Mikrokosmos – bildet eine Leere. Anstelle des „Nicht-Seins" will sich ein anderes setzen. Ist dieses nicht „von dieser Welt", da wir ja jeden irdischen Gedanken usw. ausschalten, füllt es sich mit Kräften „der anderen Welt" auf.

8. Alle vor der Leere-Übung (dem „Vakuum") gegebenen Suggestionen der Transmutation haben die starke Neigung, sich mittels „Saugkraft" des Vakuums umgehend zu verwirklichen: Eine außerordentliche Hilfe bei unserem Werk.

9. Im Verlaufe längerer Vakuum-Übungen belebt sich der anfänglich „dunkle Abgrund" mit mancherlei Kräften, die nichts weiter sind als – immer vorhandene, aber nicht wahrgenommene – „Bildwerdungen" archaischer Urformen und anderer kosmischer Kräfte, d. h., Göttliche Kräfte nisten sich ein!

10. Die für uns wichtigste Eigenschaft des Vakuums liegt in der starken

Hilfsstellung, die sie der Hauptübung leistet, indem sie die Verschmelzung mit den schöpferischen Kraft verstärkt betreibt.

Nun ist der Zeitpunkt gekommen, da wir noch eine weitere Übung aufnehmen können, die somit eine Bereicherung unseres Exerzitienplanes darstellt: Die sogenannte Osiris-Übung, welche in zwei Teile zerfällt:

- Erster Teil: Konzentration auf das „Licht" im Sexus.
- Zweiter Teil: Mit Hilfe der Hände wird die Sexualkraft aufgesogen und durch die Arme auf den Körper übertragen.

Bei den verschiedenen Übungen haben wir zusätzlich Winke gegeben, wie die geschaffenen und verstärkten schöpferischen (transmutierten) Kräfte etwaigen schwachen oder gefährdeten Stellen des Körpers zugeführt werden können.

Ist es nicht fast jedermann bekannt, dass es keine bessere „Jungmühle" gibt, als ein oder zwei Jahre völlig auf sexuellen Genuss zu verzichten? Wissen wir nicht, dass die ersparten Kräfte zur Stärkung des Nervensystems beider Richtungen, zur völligen Regeneration des Gesamtorganismus Verwendung finden? In wie viel höherem Maße ist das alles der Fall, wenn wir die transformierten schöpferischen Kräfte einsetzen. Das geschieht auch „automatisch", ohne unser Zutun, und hat so oft schon einen Lebensfaden, der reißen wollte, wieder neu geknüpft, und für viele Jahrzehnte gefestigt. In stärkstem Maße fördern unsere Exerzitien die Entwicklung unserer schöpferischen Vorstellungskraft, der Imagination, die förmlich von ersparter erotischer Kraft „lebt", „gespeist", „ernährt" wird. Da die Imagination Bestandteil schöpferischer Wirkung ist (Wille und Vorstellung schufen die Welt), haben wir ein „Werkzeug" mit der Imagination in der Hand, dass uns Einfluss gibt – nicht nur in der irdischen Welt, sondern noch darüber hinaus. Wer die Fähigkeit der Imagination – wie sie Bardon im „Adepten" erwähnt – gründlich beherrscht, wird kein Werk auf Erden und auf den „höheren Ebenen" finden, das für ihn unerreichbar wäre.

Die verbrauchten Kräfte können sozusagen erneuert werden. Wir werden, selbst bei starkem Verbrauch von Kraft, von diesem Verlust nichts bemerken, denn unsere Exerzitien verlangen nach einem gewissen Mindestkapital an Kräften. Aus dem genannten Grunde sollte jeder Verlust – auch, wo er nur möglich erscheint – durch die Übung ausgeglichen werden. Jedenfalls ist unsere Aufgabe, uns ständig neu verschiedenen Polaritäten aufzuladen, und das kann nicht besser geschehen als dadurch, dass wir uns der kosmischen Kraft im Körper bedienen, die uns in unerschöpflicher Menge und Güte zur Verfügung steht.

Sowohl bei der Hauptübung als auch bei den Osiris-Mysterien, nicht zuletzt aber im Vakuum stehen wir ständig nach unserem Wunsch, nach unserer Vorstellung mit dem Kosmos im „Kontakt", und können ihm soviel Kräfte entnehmen, wie immer wir wollen.

Wir können uns den „kosmischen Strom" – wobei wir stets nur an höchste Kräfte denken und alle anderen suggestiv-imaginativ ausschließen – regelrecht als „Speise" vorstellen, die wir uns in der oben angegebenen Weise zuführen. Wir können die einströmenden Kräfte auch „färben": Durch einen Wunsch, eine Vorstellung, eine Wortsuggestion, einen Willensakt bestimmen, als was sie zu uns kommen sollen als Kraft, als Gesundheit, Heiterkeit, Wärme, Leichtigkeit, Beständigkeit, Friede und Liebe. Es gibt hier keine Beschränkungen: Der Kosmos enthält „zwangsläufig" alles, wessen wir bedürfen – und noch vieles andere dazu. Denn aus ihm kommt alles – und in ihn mündet alles wieder ein.

4. Die Inder

Gehen wir einen Schritt weiter. In Indien werden nach Haichs „Sexuelle Kraft und Yoga" folgende Übungen praktiziert: „Die Yoga-Übungen beginnen mit Pranayama, das heißt Atembeherrschung. Die Wichtigkeit der Atemregelung können wir erst dann wirklich erfassen, wenn wir uns der Tatsache bewusst werden, dass jede Vereinigung der Geschlechter die Atmung, das heißt die rhythmische Vereinigung des Atems mit der Lunge, nachahmt. Jeder Atemzug ist ein ebenso lebenspendender Akt wie die Begegnung der Geschlechter. Die Atmung gibt uns mit jedem Atemzug erneut Leben, dagegen gibt die Vereinigung der Geschlechter einem neuen Wesen das Leben. Darum gibt uns die richtige Atmung ein ebenso erfüllendes „Lustgefühl" wie die Vereinigung der Geschlechter.

Die Pranayama – und die körperlichen Übungen – die Inder nennen sie Hatha-Yoga-Übungen –, dienen dazu, den Körper im allgemeinen zu beleben und zu vergeistigen und ihn selbstverständlich dadurch gesund zu machen und gesund zu erhalten. Ich gebe hier nun die Yoga-Übungen an, die für die Enthaltsamlebenden besonders empfehlenswert sind. Diese Übungen lenken das Blut vom Unterkörper in den Oberkörper und in den Kopf und wirken dadurch auf die Geschlechtsorgane beruhigend und auf die höheren Zentren erweckend. Anschließend folgen die Beschreibungen der speziellen Übungen für die Umwandlung der sexuellen Kraft in geistige Energie und der Übung, die uns die Fähigkeit gibt, die Lebensenergie als belebendes, magisches Feuer zu beherrschen und zu gebrauchen.

Kerzenstellung (Sarwangasana)

Durch diese Übung bringen wir das Blut aus den Beinen und dem Unterkörper in den Kopf, in die Gehirnzentren, in den Hals und die Schultern. Dadurch kräftigen wir die Gehirnorgane, die die Quelle unseres Gedächtnisses und unserer Konzentrationsfähigkeit sind. Auch kräftigen wir die Schilddrüse, die im Hals ihren Sitz hat und unseren Verstand und unser Herz leitet. Damit wird das Herz entlastet und die Herztätigkeit im ausgleichenden Sinne reguliert.

Ausführung: Auf dem Rücken liegend drücken wir die parallel zum Körper ausgestreckten Arme auf den Fußboden, mit der Handfläche nach unten. Wir atmen ruhig und tief aus und heben langsam die gestreckten Beine vorsichtig so weit, bis sie senkrecht in die Höhe stehen. Ist dies erreicht, so heben wir auch den Rumpf, der in der Nierengegend mit beiden Händen abgestützt wird, soweit nach oben, bis er und die Füße in einer Linie senkrecht stehen. Wir atmen mit dem Bauch und verharren in dieser Haltung, bis wir fühlen, dass wir uns anstrengen. Dann gehen wir langsam zurück, mit dem Rumpf beginnend und mit gestreckten Beinen, und verbleiben noch kurze Zeit auf dem Boden liegend in ruhiger, gleichmäßiger Atmung, wodurch der Blutkreislauf in seine normale Bahn zurückkehrt. Bei der Übung darf nichts plötzlich und hastig gemacht werden, es würde dadurch möglicherweise das Herz geschädigt.

Schulterstand (Wiparita Karani)

Diese Übung kommt in der Wirkung der Kerzenstellung gleich, ist jedoch in der Ausführung leichter.

Ausführung: Auf dem Rücken liegend, Hände parallel zum Körper, heben wir ausatmend langsam die Beine. Die Hüften mit den Händen abstützend, werden die Beine schräg nach hinten übergeschlagen. Dadurch unterscheidet sich die Übung von der Kerzenstellung. Auch werden bei ihr nicht der Rumpf, sondern die Hüften mit den Händen abgestützt. Mit ruhiger Bauchatmung verbleiben wir in dieser Stellung, solange dies ohne Anstrengung möglich ist. Dann kehren wir langsam und beherrscht in die Rückenlage zurück und beruhigen uns mit sanfter und gleichzeitig konzentrierter Atmung.

Kopfstand (Sirschasana)

In der Wirkung ist diese Übung der Kerzenstellung ähnlich, jedoch werden die höchsten Gehirnzentren, die sich beim Durchschnittsmenschen noch in latentem, schlummerndem Zustand befinden, stärker ergriffen. Diese Zentren werden durch die Übung aktiviert (auch durch ergänzende Konzentrationsübungen). Dadurch gelangen wir in das Bewusstsein der in uns liegenden schöpferischen Kraft und unser Gedächtnis wird gestärkt und höhere geistige Fähigkeiten werden in uns erweckt.

Ausführung: In der Ausgangsstellung kniet man auf dem Boden und sitzt auf den Fersen. Die Hände werden zu einer Schale gefaltet, die Handrücken nach unten. Alsdann wird der Kopf gebeugt und etwa mit seiner oberen Mitte in die Schale gelegt. Die Ellenbogen befinden sich auf dem Boden, nicht zu weit nach außen. Nun wird der Rumpf gehoben und die Beine werden durchgestreckt. Nachdem das Gleichgewicht gefunden ist, strecken wir beide Beine senkrecht in die Höhe. Das kann eines nach dem anderen oder zusammen erfolgen. Wir bleiben in dieser Stellung, gleichmäßig und ruhig atmend, so lange, als dies ohne große Anstrengung möglich ist. Der freistehende Kopfstand macht mitunter anfänglich Schwierigkeiten. In diesem Fall beginnen wir die Übung in der Ecke eines Zimmers oder vor einem Diwan, wobei die senkrecht erhobenen Beine nötigenfalls etwas Anlehnung finden können. In die Ausgangslage zurückkehrend, biegen wir die Beine ab und begeben uns wieder in die kniende Stellung, auf den Fersen sitzend. Auf diese Weise erleben wir für einige Minuten ein Gefühl der Ruhe. Auf keinen Fall dürfen wir aus dem Kopfstand umfallen oder andere plötzliche Bewegungen machen.

Transmutation (Odschas).

Diese Übung ist die wichtigste und wirksamste zur Umwandlung der sexuellen Kraft. Ich sitze in Padmasana (Lotussitz), atme leicht und bewusst, und mit aktivierter Imaginationskraft stelle ich mir vor, dass ich selbst – also mein Bewusstsein, mein geistiges Ich – bei jeder Einatmung in das Steißbein hinuntersteige und von dort mit langsamer Ausatmung im Rückgrat langsam aufsteige, das heißt, dass ich ganz selbstbewusst langsam hinaufgehe bis zum Scheitel, wo sich die Sahasrara Tschakra befindet. Die Beschreibung dieser Übung ist sehr einfach, dennoch können wir damit jeden Reiz aus den Geschlechtsdrüsen in die höheren Zentren lenken und die sexuelle Kraft dort als schöpferische Kraft aufspeichern – vorausgesetzt, wir machen diese Übung richtig. Sie ist also die allerwichtigste Umwandlungsübung, denn sie hilft uns, die sexuelle Kraft in die höheren Zentren hinaufzuführen, um sie durch diese Zentren in ihrer umgewandelten Form als schöpferisch-magische Kraft zu offenbaren und zu verwenden. Zunächst haben wir mit Hilfe der sexuellen Kraft die Widerstandskraft der Organe, in denen die schöpferische Kraft bisher schlummerte, so stark zu steigern, dass die letztere aus ihrem latenten Zustand austreten und aktiv werden kann. Sie offenbart sich nicht mehr als sexuelle, sondern als geistig-magische Kraft.

Wie die sexuelle Kraft einem neuen Lebewesen, einem Kinde, das Leben geben kann, so kann diese lebenspendende Kraft in uns ein ganz neues Lebewesen erschaffen, die Lebenskraft eines neuen Lebewesens in unseren eigenen Körper hineinlenken. So wird aus dem alten sterblichen Adam der neue, auferstandene und unsterbliche Christus-Mensch. Auch wenn man noch kein Gottmensch geworden ist, kann man schon, je nach der eigenen Stufe, zuerst im kleinen, allmählich immer höher, immer geistiger, die gesteigerten Kräfte des konzentrierten Bewusstseins gebrauchen. Wenn es im Körper irgendwo eine Störung gibt, können wir diese Bestrahlung ganz intensiv in diese Stelle hineinlenken. Und wir werden erstaunt erfahren, wie Schmerzen – oft ganz plötzlich – durch die hingelenkte Lebensenergie verschwinden, Katarrhe geheilt werden und andere Gesundheitsstörungen in Ordnung kommen.

Um den Trieb schneller und leichter zu beherrschen, versuchen wir in uns das Gefühl der Ganzheit zu erwecken, zu erleben und zu verwirklichen. Dieses Gefühl gibt uns unerschütterliche Selbstsicherheit, Furchtlosigkeit und Mut! Es wird daraus ein Seinszustand, den wir ohne Unterbrechung in uns tragen. Wir sind immer zufrieden, weil wir alles in uns haben. Dieser Zustand hilft uns am allermeisten gegen jeden sexuellen Wunsch. Denn sexueller Wunsch entsteht aus einem Gefühl des Mangels, aus der Suche nach einer ergänzenden Hälfte, die uns fehlt, ohne die wir uns einsam und verlassen fühlen! Wenn wir aber alles in uns gefunden haben, wenn wir ein Ganzes sind, was brauchen wir noch?

Die gute allgemeine Wirkung der Hatha-Yoga-Übungen können wir noch mit körperlicher Arbeit unterstützen. Körperliche Arbeit hilft uns ebenso wie die Hatha-Yoga-Übungen die Gedanken und überflüssigen Blutzufluss von den sexuellen Organen abzulenken. Die sexuelle Kraft ist die Lebenskraft, die der Mensch für seinen Körper behalten kann. Ein gutes Hilfsmittel dazu ist körperliche Arbeit, neben den Yoga-Übungen auszuführen. Die Arbeit beschäftigt nicht nur den Körper und verteilt durch die Muskeln das Blut in ihm gleichmäßig, sondern nimmt auch den Verstand in Anspruch und lässt dadurch nicht zu, dass die Gedanken sich in eine unerwünschte Richtung schlängeln. Mönche und Nonnen sind außerhalb ihrer geistigen Beschäftigung im Haushalt, im Obst- und Gemüsegarten oder in den verschiedenen Werkstätten des Klosters tätig. Wir können auch andere körperliche Arbeit verrichten oder Sport betreiben. Nur kann es bei diesen rein körperlichen Beschäftigungen vorkommen, dass der Verstand immer wieder in unerwünschter Richtung abgleitet, während man Kartoffeln hackt, rudert, Tennis spielt oder was immer man tut. Man ist versucht immer wieder daran zu denken, dass man arbeitet, um die sexuellen Kräfte in andere Bahnen zu lenken, um jeden Blutzufluss in die sexuellen Organe zu verhindern. Damit werden wiederum alle Gedanken, das ganze Bewusstsein und infolgedessen der ganze Blutzufluss gerade in diese Organe gelenkt. Merkwürdigerweise macht man aber schon bei diesen ersten Ringkämpfen die sehr nützliche Erfahrung, dass nicht der Körper die sexuellen Wünsche verursacht, nicht der Körper einem keine Ruhe lässt, sondern der Verstand! Man könnte darauf antworten, dass der sexuelle Wunsch den Verstand aus dem Unterbewussten beeinflusst. Ja! aber nur so lange, als die sexuelle Kraft den Weg zu den höheren Nervenzentren nicht gefunden hat. Denn wenn man in der eigenen Erfahrung so weit gekommen ist, dass die sexuelle Kraft umgewandelt als schöpferische Kraft geoffenbart werden kann, dann ist sie eben nicht mehr in das Unterbewusste verdrängt und wirkt auch nicht mehr aus dem Unterbewussten als Gift. Auch dann kann man noch, wenn man will, die sexuelle Kraft in die Geschlechtsorgane zurückführen und sie als sexuelle Kraft zum Kinderzeugen ausleben, mit Hilfe des Verstandes (Willens). Der Wille ist fähig, das Steuerrad dorthin zu drehen, wohin das Bewusstsein ihm befiehlt. Und schon am Anfang unseres Kampfes mit den schöpferischen Kräften können wir erfahren, was für eine große Aufgabe der Verstand auf unserem Weg zu Gott hat. Oh, diese gesegnete Schlange, die unsere Lebensenergie mit ihrem „Schlängeln" nicht nur nach unten, sondern ebenso nach oben, zu Gott führen kann – wenn unser Bewusstsein der Herr über sie ist!

5. Frater Eratus

Karl Spiesberger gibt uns in seinen „Einweihungen" für die Brüder und Schwestern der F. S. eine Reihe von Übungen: „Ein gewaltiger Kraftquell, der elementarste wohl in unserem Organismus, ließen wir bisher unberücksichtigt: Die all-beherrschende Macht des Sexus, die in enger Beziehung steht mit Kundalini, dem Schlangenfeuer der Gottheit der indischen Geheimphilosophie.

Die schöpferischen Zeugungskräfte dienen nicht bloß der Fortzeugung, sondern – magisch, esoterisch gesehen – der „Hinaufzeugung", wie Nietzsche bereits durchblicken ließ.

Das Gros der Menschheit hat diese heiligen Energien immer noch, zu jeder Zeit, im wollüstigen Taumel vergeudet oder dieser Länder und Reiche in gedankenloser Unbeherrschtheit übervölkert. Es war und blieb Sklave ungebändigter Tier-Leidenschaft.

Dennoch, es soll kein Vorwurf sein. Was wäre schwieriger als diesem Drachen weltvergessener Lust Herr zu werden, ihm zu gebieten, nach freien Wollen sich seiner Kräfte zu bedienen. Mehr noch für das „Erwachen im Geiste", für die mystische Wiedergeburt! Vorher sei unser Hauptaugenmerk auf die Transmutation, auf Umwandlung der Zeugungsenergie in Vital- und Geisteskräfte gerichtet. Auch dieses Wissen ist altbekannt und entstammt eben genannten Quellen. Es ist bis in unsere Tage vielfach erprobt.

Nun zu seiner Praxis: Zunächst gilt es, den Geistwillen über den Triebwillen zu setzen! Er allein setzt uns in stand, den lockenden Gelüsten Halt zu gebieten, über die sinnlich-körperlichen Regungen zu triumphieren und sich jederzeit dieser gewaltigen Kräfte zu bedienen.

Die Lebensweise sei diesen Bestrebungen weitgehend angepasst. Demnach: Meidung von Reizmitteln wie Alkohol, scharfe Gewürze, Salz, Pfeffer, Paprika, Zwiebel. Wenig oder besser kein Fleisch, vor allem kein Schweinefleisch. Einschränkung des Genusses von Eiern. An Stelle dessen viel sonnengereiftes, rohes frisches Obst. Während erstere – Fleischnahrung und Genussmittel – die sexuelle Erregung hochpeitschen, regulieren die in den Früchten reichlich enthaltenen Vitamine die Sekretabsonderung der Geschlechtsdrüsen und sorgen für deren naturgemäße Funktion.

Des Weiteren: Meidung erotischer Vorstellungsbilder, besonders vor dem

Einschlafen und Einnahme einer seitlichen Lage während des Schlafes.
Das eigentliche Exerzitium der Transmutierung besteht im Prinzip

1. in der Hinlenkung der in ätherisch-pranische Energie umgewandelten Zeugungsstoffe zum Solarplexus zum Zwecke einer Steigerung der Vitalkräfte im Allgemeinen oder der odmagentischen Strahlung im Besonderen.
2. in der Hochführung genannter Energie längs des Rückgrates zum Haupte und zur Zirbeldrüse und ihrer Überleitung in Geistes- und Willenskraft.

Wie bei allen magischen Praktiken variieren auch hier die Übungen in den einzelnen Phasen. Weniger jedoch kommt es auf diese oder jene Methode an, vorwiegend ist der Erfolg von der die Übungen begleitenden **Vorstellungskraft** abhängig, wie sie ja für alle magischen Imaginationsvorgänge gefordert werden mussen.

I. Methode

Stellung: Ägyptischer Sitz. Bei gerader Wirbelsäule, Kopf leicht geneigt. Halsmuskel locker. Blick in den Schoß. Rhythmische Tiefatmung. Erfüllen und Bewusstwerden der absoluten Herrschaft über Körper und Trieb. Nach einigen Atemzügen:
Plastische Vorstellung, wie sich von dem im Sexus aufgespeicherten Zeugungsstoffe die fluidale, krafterfüllte Essenz, die ätherisch-pranische Energie löst.
A: Während der Einatmung: Bewusstes Hochführen der transmutierten Schwingungen zum Solarplexus.
Beim Anhalten: Aufladen des Sonnengeflechts mit den sexuellen Strahlungsenergien.
In der Phase der Ausatmung: Verharren im Vollbewusstsein der aufgenommenen Kraft.
Das Exerzitium kann dahingehend erweitert werden, dass während der Ausatmung oder am Schlusse der Transmutationspraktik die pranische Sexualenergie in den Körper ausgestrahlt wird, zum Beispiel in das Blut, die Nerven, geschwächte Organe, in die ätherische Aura usw.
Den im Zeugungsorganismus verbleibenden physischen Sexualsäften braucht weiter keine Aufmerksamkeit geschenkt werden. Ihrer schöpferischen Energien beraubt, werden sie im Körper im aufbauenden Sinne verwendet.

B: Im Prinzip der gleiche Vorgang, nur werden die transmutierten Kräfte bei der Einatmung die Wirbelsäule hochgeführt und beim Anhalten des Atems im Kopf und in der Zirbeldrüse eingestrahlt.

Zielgedanke dabei gilt der Steigerung der Denkkraft, der Erhöhung der Verstandestätigkeit und der Willensstählung.

II. Methode

Stellung: Waagrechte Lage. Körper entspannt. Augen geschlossen. Rechte Hand auf dem Solarplexus, linke an den Stirn. Rhythmischer Atem. Konzentration auf die im Sexus aufgespeicherte schöpferische Kraft.

a) Einatmung: Einziehung der Luft vorwiegend in den Unterleib mit der Vorstellung, dass die umgewandelten Sexualenergien emporströmen und völlig diese durchdringen.

b) Atem kurz halten und die kraftgeladene Luft in die oberen Lungenpartien führen, gleichzeitig die ätherisch-pranische Sexualkraft zum Solarplexus oder zum Gehirn leiten, wie in Methode I ausgeführt.

c) Ausatmung: Vorgang ebenfalls wie bei Methode I.

Zum besseren Gelingen der Transmutations-Übung können auch die unterbewussten Gestaltungskräfte herangezogen werden. Es ist nicht schwer und durchaus zweckmäßig, das Exerzitium sinngemäß durch Selbstbefehl zu erweitern.

Dauer des Transmutationsvorganges: Je nach Ermessen 5, 7 oder 9 maligen Hochführen der umgewandelten Zeugungskraft.

Zeit: Wöchentlich einmal vor dem Schlafengehen oder bei Unlustgefühlen, Ermüdungs- und Erschöpfungserscheinungen oder starken sinnlichen Verlangen auch des Öfteren und zur beliebigen Tageszeit.

Zweck: Kurz zusammengefasst: Aufspeicherung im Solarplexus: Steigerung der Lebens- und Nervenkraft. Ferner der Kräfte des Gefühls, der Wunschverwirklichung und schöpferischen Gestaltens, sowie der od-magnetischen Ausstrahlung.

Aufspeicherung im Gehirn und in der Zirbeldrüse: Stärkung von Gehirn und Nerven. Förderung geistiger Fähigkeiten, geistige Gestaltungskraft. Steigerung der Macht des Gedankens. Erlangung eines dominierenden Einflusses auf das Sinnenhaft-Körperliche, auf Trieb, Gefühl und Leidenschaft!

Vor einem Zuviel sei jedoch gewarnt. Besonders die Hinlenkung der transmutierten Kräfte zu den Kopfzentren übersteigere man nicht (Siehe

Bardon. Der Hrsg.)! Die Sublimierung (Veredelung) des Triebes erfolgt ganz allmählich. Man berücksichtige vorerst mehr die unteren Organe wie z. B. den Solarplexus.

III. Methode

Stellung: Persischer Sitz. Hände rechtgewinkelt auf den Oberschenkeln. Angleichung des Atemrhythmus an den Pulsschlag (4 Schläge – ein Atemzug). Konzentration auf den göttlichen Meister in uns. Reinigung des Bewusstseins von allen triebsinnlichen Gedanken.
Plastische Vorstellung: Die ätherische Pranaenergie löst sich von den physischen Zeugungsstoffe.
Einatmen: Erfühlen, wie die Kraft nach dem Solarplexus strömt.
Atem anhalten: Erfühlen, wie der Solarplexus die Kraft in sich aufnimmt.
Ausatmen: Bewusstwerden des Energiezuwachses.

IV. Methode

1. Ruhelage (unbekleidet), Kopf Norden, Füße Süden; Füße parallel, in Schulterbreite gespreizt. Arme hängen locker beiderseits herunter. Entspannung!
2. Augen schließen. Atemrhythmus! Solange atmen bis der Sexus blutleer und absolut erotisch ruhig ist. Geistige Einstellung: Ruhe und Gelingen der Übung.
3. Augen öffnen. Hände symmetrisch auf das vordere Wurzelchakra legen. Untere Daumen- und Zeigefingerglieder aneinanderlegen, den kleinen Finger an den Ringfinger, Finger geschlossen. Plastische Vorstellung: Die fluidalen Sexualstoffe strömen in die Hände und sammeln sich darin an.
4. Langsam einatmen und beide Hände am Körper entlang bis zum Nabel führen. Diesen umkreisen und senkrecht hinauf zum Solarplexus (Fingerspitzen zeigen nach unten, Daumen und Zeigefinger berühren einander. Handballen liegen auf dem unteren Brustkorbrand, die Fingerspitzen ungefähr auf dem Nabel.
5. Hände verbleiben auf dem Solar-Plexus. Atem anhalten und erfühlen wie aus den Handflächen die aufgespeicherte Sexualkraft in das Sonnengeflecht einströmt und in Vitalkraft umgewandelt wird.

6. Langsam einatmen, tief und voll. Hände hochziehen bis in Schulterhöhe; drehen der Hände, so dass die Fingerspitzen bis zum Hals zeigen (kleine Finger liegen jetzt an Stelle der Daumen aneinander). Hochführen der Hände bis zum Kehlkopf (Fingerspitzen berühren ihn). Von hier aus unterhalb der Kinnbacke bis zum Kopf (Fingerspitzen nach außen, Hände auf den Kopf, Linke ruht auf der Rechten. Daumen in der Höhe der Ohrlappen).
7. Atem anhalten und die sexuellen Fluidalstoffe ins Hirn strömen lassen.
8. Ausatmen mit der Vorstellung, dass die transmutierten Kräfte nunmehr im Hirn wirken und die geistigen Fähigkeiten steigern.
9. Arme im weiten Seitenbogen zurück, Hände abschütteln und wieder zur Ausgangsstellung zurück. Die ganze Übung 5 mal wiederholen.

Dauer: 15-20 Minuten.

Zeit: Wöchentlich einmal und zwar Sonntag vormittags, oder an einem Dienstag, Donnerstag oder Freitag. Nie Montag, Mittwoch oder Sonnabend.

Körperliche Wirkung: Erotische Beruhigung und geistige Erfrischung. Steigerung der Lebenskraft durch Kraftaufnahme aus dem Sexualzentrum.

Meditation: Plastisches Erfühlen der fluidalen Sexualstoffe und deren Umwandlung in vitale und geistige Kraft. Die Umpolung in Vitalenergie (Sonnengeflecht) und in Geisteskraft (Kopf) kann auch in zwei voneinander getrennten Exerzitien erfolgen, je nach Zweck und Bedarf.

6. Johannes Balzli

Johannes Balzli, der Autor der „Okkulten Unterrichtsbriefe" gibt in seinem sechsten Brief Anweisungen, um den Sexualtrieb zu beherrschen. Sehen wir uns an, was er zu sagen hat:

„Im fünften Lehrbriefe wurde dem Schüler geschlechtliche Enthaltsamkeit anbefohlen. Heute soll er erfahren, wie er die durch Keuschheit ersparten sexuellen Energien für höhere Zwecke verwerten, wie er die aktive Sexualität umsetzen kann in geistige Produktion.

Nichts ist so stark mit vitalen Kräften geladen, wie die Produkte der Sexualorgane (Samen beim Manne, Lutein und Schleim beim Weibe). Die Erschöpfung, die jedem sexuellen Akte folgt, rührt von dem außerordentlichen Od-Verluste her, den er bedingt. Der Hellseher bemerkt bei sexuell erregten Menschen eine außergewöhnlich starke und dichte Ausstrahlung gleich einer breiten Hülle. Er bemerkt auch, dass bald nach der sexuellen Befriedigung die Od-Strahlung unternormal wird. Daraus erklärt sich der maßlose Verlust feinstofflicher Kräfte durch sexuelles Leben.

Die Liebeskraft muss für höhere Zwecke verwertet werden. Es ist Wahnsinn, diese Kraft zu vergeuden, sie zu verschleudern, wo sie doch die Quelle vitaler und geistiger Kräfte sein soll.

Folgende **Übungen** unterstützen die Umwandlung der Geschlechtskraft in geistige Energie:

Wünscht der Schüler die Zeugungsenergie in vitale Kraft umzuwandeln und als Reservekraft aufzuspeichern, so muss er die sexuellen Kräfte mit starkem Willen in höhere Kräfte umwandeln und diese Kräfte in den Solarplexus (Sonnengeflecht) heraufziehen.

Wünscht er die Zeugungsenergien in intellektuelle Gehirnkraft umzusetzen, so muss er die sexuelle Kraft in das Gehirn heraufziehen.

Bei diesen Übungen setzt sich der Schüler in aufrechter Haltung ruhig nieder. Der Kopf sei nur wenig geneigt, die Hände ruhen zur Seite, der Blick ist auf den Unterleib gerichtet.

1. Theoretischer Teil: In dieser Stellung konzentriert der Schüler alle Gedanken auf die Umwandlung (Transmutation) der Liebeskraft. Er stellt sich vor, wie diese Kraft von den Zeugungsorganen dem Solarplexus zuströmt, und er sieht, wie sie sich dort sammelt.

2. Praktischer Teil. Der Schüler atmet rhythmisch durch beide Nasenlöcher

ein. Dabei muss er sich plastisch vorstellen, wie die Zeugungsenergien in den Plexus emporsteigen. Beim Stauen des Atems stellt er sich vor, wie die ätherialisierten Zeugungssäfte (das Prana oder Od) vom Solarplexus aufgesogen werden. Beim rhythmischen Ausatmen konzentriert er sich auf den Wunsch, die transmutierte Kraft müsse den Körper verjüngen und die geistigen Fähigkeiten stärken und erhalten. Diese Übung (Einatmen, Stauen und Ausatmen) wird siebenmal hintereinander durchgeführt. Danach pflegt der Schüler ernste Betrachtungen über den Zweck seiner Einkörperung und über sein himmlisches Ziel. Er denkt Gedanken der Reinheit und der Harmonie und nimmt sich vor, unablässig an seiner ethischen Vervollkommnung zu arbeiten.

Wenn sein Glaube an die Wirkung dieses Experimentes unerschütterlich ist und wenn ein reiner Wille in ihm lebt, so wird sehr bald eine Fülle von Kraft seinen Körper durchströmen. Diese Übung soll wöchentlich einmal durchgeführt werden; sie braucht nicht länger als eine halbe Stunde zu währen.

Wünscht der Schüler die Zeugungsenergien ausschließlich zur Verfeinerung der Atome des Gehirns zu verwerten, so muss er sich bei der Übung darauf konzentrieren, dass die Zeugungskräfte durch den Wirbelkanal zur Zirbeldrüse wandern. Die Übung bleibt unverändert, nur konzentriert man beim Einatmen den Willen darauf, dass die sublimierte Liebeskraft an der Wirbelsäule entlang (Wirbelkanal) bis in das Gehirn steige. Beim Stauen des Atems (Anhalten) stellt man sich vor, wie diese Kraft vom Gehirn aufgesaugt wird. Beim Ausatmen hat man den Wunsch und Willen, die ätherialisierte sexuelle Kraft müsse der Entwickelung des Verstandes, des Gedächtnisses, überhaupt aller geistigen Kräfte, dienen."

7. Der hermetische Bund

Bevor ich mit der Beschreibung der Bekämpfung des mächtigsten aller Triebe beginne, möchte ich noch **ausdrücklich betonen**, dass dieser Kampf nur von Menschen durchgeführt werden sollte, die sich 100% sicher sind, ihn auch zu gewinnen! Denn bei diesem Kampf kann der Schuss ganz schnell nach hinten losgehen und man endet in der **Psychiatrie**, denn der Sexus stellt eine der Grundkräfte im Menschen dar:

- Durch Beherrschen des Triebes, der sexuellen Leidenschaften, kann man magische Macht erlangen! Durch vollkommene Keuschheit und sexuelle Reinheit auf allen drei Ebenen treten mit der Zeit okkulte Fähigkeiten auf;
- kein sinnliches Tagträumen;
- mache dich körperlich müde;
- decke dich des Nachts leicht zu;
- meide sinnliche Dinge z. B. Filme, Fotos, Zeitschriften, Gespräche, Bücher, Internet, Video, Kino usw.;
- meide Zotten (ordinäres sprechen, Witze usw.);
- achte auf deine Träume;
- sieh im Weib (Mann) die Schwester, den Bruder, Gott, Schicksal, eine Prüfung, einen anderen Stern mit anderer Kreisbahn usw.;
- der Weg des Magus führt nur über die Beherrschung der Triebe;
- jedes Begehren will dir Kraft entziehen – denke immer daran;
- denke bei Erregung: Das Weib (Kerl) will mir meine Kraft absaugen und dies hindert mich in meiner Entwicklung, denn genau diese Kraft brauche ich für meine Übungen;
- sprich in Gedanken: Du willst mir Kraft rauben – Niemals!
- Bei Erregung auf eine andere Vorstellung übergehen: Lieblingsthema, Gott, Magie, an die Beherrschung denken, dass man dadurch viel schneller altert, an Geschlechtskrankheiten, die man bekommen kann, an den Kraftverlust usw.;
- Vorstellung, dass die Frau (Mann), so schön sie auch ist, in 50 Jahren eine verrunzelte, alte Fettel ist!
- Oder Vorstellung eines verwesten Leichnams!
- Beobachte das Geschlechtsgebarden der Menschen, wie sie sich

kleiden, benehmen, ihr Gesten, alles zielt auf Erotik ab! Benehmen sie sich nicht wie brünstige Hunde!

- Transmutationsübungen: Lebenskraft aus dem Unterleib aufsaugen, ins Willenszentrum oder in den Körper verteilen mit entsprechender Suggestion – zu machen bei Unlust, Müdigkeit, Erschöpfung, Krankheit oder abends;
- kein Fleisch essen;
- keine Reizmittel wie Pfeffer, Alkohol, Kaffee, Cola usw.;
- viel Obst und Gemüse essen;
- Buddhasitz richtig durchgeführt drosselt den Trieb;
- kalte Waschungen mit oder ohne Kräuter;
- Kälte gegenüber Sex aufbauen;
- meditiere über dein sexuelles Problem;
- Mantram, Litaneien usw.;
- denke an dein Vorbild;
- bei Erregung fasten;
- Kräutertees trinken;
- das Einnehmen der Pentagramm-Stellung und dabei den Sieg über den Trieb suggerieren;
- vor den Spiegel stellen und suggerieren, Bilder werfen, imaginieren, Atemübungen mir Suggestion, Magie des Wassers, bewusst Essen und Trinken usw.
- die Hände zu Fäusten ballen und „Ich will meinen Trieb beherrschen!" sagen.

Hildegards Dämpfer-Rezepte:

Myrrhe dämpft den Trieb bei bestreichen von Brust und Bauch. – Sardonyx – ein Edelstein: Der Mann soll den Stein in seine Lenden legen, wenn ihm die Lust überkommt. Die Frau auf den Nabel. Die Nonne gibt auch noch einen Gewürzessig bekannt, der dämpfende Eingenschaften haben soll: Zutaten:
- 4 Schalotten
- 4 Teile Irriswurzeln
- 3 Teile Lungenkraut
- 2 Teile Minze

- l Teil Dill
- 1/2 Liter Obstessig

Alle Zutaten verkleinern und in den Obstessig einlegen und damit die Speisen würzen!

8. Die Buddhisten

Selbst das im buddhistischen Verlag von Oskar Schloss veröffentlichtes Buch „Dhyana und Samadhi im mongolischen Lamaismus", welches als einziges buddhistisches Werk eindeutige 4-polige Qualitäten aufzeigt, wird als Voraussetzung für das Erreichen der Gottverbundenheit die sexuelle Reinheit verlangt: „Wer zur höheren Kontemplation übergeht, muss schon kurz mit den Schwierigkeiten der Selbstversenkung bekannt und in den Dingen des Dhyana erfahren sein. Vor allem hat er seinen Geist in eine einheitliche Verfassung zu bringen und muss fest in der Überzeugung von der Unreinheit und der Unbeständigkeit sinnlicher Befriedigung, an der die Menschen Wohlgefallen finden, gewurzelt sein.

In dieser Überzeugung versenkt er sich in den Samadhi des Schauens von Unreinheiten und weißen menschlichen Skeletten, um einerseits seine Verachtung gegenüber sinnlichen Trieben zu stärken, andererseits, um sich zur Aufnahme der Eindrücke aus der transzendentalen Welt vorzubereiten. Er verharrt in diesem Samadhi solange, bis aus den Gebeinen seines eigenen Gerippes Strahlen eines Lichtes von solcher Helle hervorzuschießen beginnen, dass der Asket dabei sein Herz, den Sitz der Gedanken, erschaut und die Fähigkeit gewinnt, des letzteren Veränderungen so klar wahrzunehmen, wie einen Wasserstrahl in einem gläsernen Röhrchen. Dann taucht er in selige Untätigkeit mit seinem ganzen Wesen unter und empfindet unsägliches Wohlbehagen. Das bildet die höhere Betrachtungsstufe in der sinnlichen Welt. Leute mit intensiver Aufnahmefähigkeit erreichen diesen Zustand im Verlaufe von einer Woche gesteigerter Anstrengung, andere in drei Wochen, wieder andere aber können zeitlebens nicht an dieses Ziel gelangen. Fundamentale Hindernisse hierbei sind: Moralische Mängel, Unbußfertigkeit in Bezug auf die Sünden, verkehrte Überzeugungen der Vernunft und Todsünden, auch wenn sie in den Präexistenzen begangen worden sind. Doch stets soll der Kontemplant dessen eingedenk sein, dass der von ihm erreichte Höhengrad im Hinblick auf die weitere Vervollkommnung nur eine Übergangsstufe ist, und deshalb darf er auf ihr nicht in Sorglosigkeit einschlafen. Hier ist Nachsinnen über die Nichtigkeit wollüstiger Genüsse ganz besonders vonnöten. Drohen im Asketen irgendwelche Leidenschaften zum Durchbruch zu kommen, so soll er sie gleich im Keime durch passende Erwägungen ersticken. Ein Dahindämmern in diesem Zustand ist für ihn besonders gefährlich. Um das von sich fern zu halten, stellt er sich den Herrscher des Todes vor, wie er dasteht, bereit, ihn mit dem Schwertschlag des Schicksals zu treffen. Tritt dieser Zustand nachts ein, dann wäscht er sein Gesicht mit kaltem Wasser, blickt nach allen vier Himmelsrichtungen und stellt die frühere Makellosigkeit der Gedanken entweder durch Betrachtung der Sterne oder durch Nachsinnen über Buddha und seine hehre Lehre wieder her. Unter ähnlichen Methoden und Vorsichtsmaßregeln wird er schließlich von den Bedingungen der sinnlichen Welt völlig frei und vollzieht den Übergang aus dieser in jene der lichtstrahlenden Formen."

Zitat Buddhas:

„Wenn du eine Dirne umarmst,
so ist es das gleiche,
als hättest du eine Leiche geküsst."

9. Karl Brandler-Pracht

Genauso wie die obigen Kenner und Könner empfiehlt auch der bekannte Astrologe Brandler-Pracht dem Neophyten, wie so viele andere, die Enthaltsamkeit vom Sexualleben in seinem „Lehrbuch zur Entwicklung okkulter Kräfte":

„Noch eine Leidenschaft ist geeignet, unseren Übungen ein negatives Resultat einzutragen. Wir meinen das Obermaß in der sexuellen Liebe. Die Befriedigung des Geschlechtstriebes ist ja ein natürliches Bedürfnis für beide Geschlechter, und wenn dieselbe nicht allzu häufig vorgenommen wird, auch der Gesundheit zuträglich. Aber was wird auch in dieser Beziehung von der unvernünftigen Menschheit gesündigt! An sich selbst und an den kommenden Geschlechtern. Freilich, unsere scharfen, erregenden, nur für den Gaumen berechneten Nahrungs- und Reizmittel, darunter nicht zum kleinsten Teile der Alkohol, treiben uns in ein derart starkes sexuelles Genussleben, dass wir – bei ehrlicher Prüfung – unser ganzes Wesen davon gefangen fühlen. Das Sinnen und Trachten, das Streben und Kämpfen der meisten Menschen dreht sich schließlich ja doch nur um die **ausgiebige Befriedigung ihrer Leidenschaften, unter welchen die tierische Liebe die höchste Stelle einnimmt.** Der Zweck der sexuellen Liebe ist die Fortpflanzung des Geschlechtes! Weiter hatte die Natur nichts im Sinne gehabt, als sie diesen Trieb in uns legte, der gewiss keine größere Bedeutung haben sollte als alle anderen Funktionen des menschlichen Körpers. Der die Ausübung dieses Triebes begleitende Sinnenrausch ist nur das Mittel zum Zweck, gleichsam wie die prächtigen Farben der Blumen wie auch ihr starker Geruch nur Lockmittel sind, mit welchen die blühenden Pflanzen die Insektenwelt anziehen, damit diese ihnen den Botendienst der Samenübertragung verrichte, wofür sie mit Blutenstaub, Honig und Nahrung belohnt wird. Die Menschheit hat aber von jeher das Mittel als Zweck angesehen. Die Befriedigung der Sinnenlust wird für den Zweck gehalten und die damit verbundene Fortpflanzung gilt nur als lästige Beigabe.

Die allzu häufige Befriedigung des Geschlechtsreizes – ob alleine oder zu zweit – muss aber auch vom Standpunkte der okkulten Wissenschaften verworfen werden, weil dadurch dem Körper zu viel Od entzogen wird. Jede geschlechtliche Erregung schon löst eine vermehrte Odausstrahlung aus. Lässt man es aber zur Befriedigung kommen, so verschleudert man damit eine gewaltige Menge dieses Lebenselementes, das Od, welches die physische Grundlage für die Betätigung der okkulten Kräfte ist!

Wer sich nun durch einen Geschlechtsakt eine so große Menge Od entzogen hat, kann auf kein Resultat rechnen, wenn er astrale Fähigkeiten üben oder ausüben will. Er muss mindestens einige Tage warten, bis er das erforderliche Odverhältnis in seinem Körper wieder hergestellt hat. Vollständig unmöglich für die Ausbildung der okkulten Fähigkeiten macht sich demnach derjenige, der in sexueller Hinsicht der modernen entsittlichenden Auffassung huldigt, nämlich sein Leben voll und ganz „auszuleben". Das Od ist nicht nur der Träger der Lebenskraft, sondern auch der Leitungsdraht für psychische und körperliche Zustände aller Art. Bei jeder sexuellen körperlichen Bereinigung entsteht auch eine Vermischung des ausströmenden Ods und somit eine Überleitung gewisser psychischer und körperlicher Zustände von dem einen Menschen zum andern. Dieser Prozess führt bei Eheleuten, die bekannte Tatsache herbei, dass sie sich gegenseitig mit der Zeit ausgleichen, sowohl körperlich als auch seelisch. Der eine Gatte übernimmt von dem andern einen Teil seiner Neigungen, Fähigkeiten, seelischen Zustände und körperlichen Veranlagungen und gibt dafür sein eigenes Wesen teilweise an den anderen Gatten ab. Das kann soweit kommen, dass beide Ehegatten im Laufe der Jahre auch äußerlich in der Bildung ihrer Gesichtszüge sich ausgleichen, d. h. einander sehr ähnlich werden können.

Diese odische Vermischung, die schon zum Teil bei der bloßen Berührung der beiden Körper eintritt, also schon bei einer Umarmung, hat ja in einer gewissen Beziehung auch seine gute Seite. Einsichtsvolle Eheleute, die vorwärtsstreben wollen, werden z. B. diesen Prozess benützen, um sich gegenseitig das sittliche Emporklimmen zu erleichtern. Gefährlich aber kann diese Vermischung werden für diejenigen, die gewohnt sind, ihre sexuellen Befriedigungen in der Abwechslung zu suchen. Wenn diese Leute, die sich heute mit dieser und morgen mit jener Person einlassen, wüssten, was sie alles mit der Zeit schon aufgenommen haben an fremden Influenzen, bösen Neigungen, Lastern und körperlichen Übeln! Je größer die Leidenschaft, desto größer ist auch die Ausstrahlung des Od-Stoffes, und so kann es bei einer großen sexuellen Erregung schon bei einer einzigen Vermischung vorkommen, dass man von seinem Lustgenossen die bösesten Instinkte übernimmt, ohne davon eine Ahnung zu haben. Nach einiger Zeit sieht man sich plötzlich zu Neigungen und Handlungen gedrängt, die man mit seinem bisherigen Denken und Fühlen nicht in

Einklang zu bringen vermag. Man fragt sich dann vergebens, woher denn diese bösen Triebe kommen, von welchen man sich doch früher frei wusste. Im ehelichen Leben ist auch – vom Standpunkt der odischen Vermischung betrachtet – die allzu viele Geschlechtsbefriedigung schädlich, denn wenn z. B. die eine Ehehälfte eine sehr disharmonische Natur ist, die andere aber noch einen sehr schwachen, unentwickelten Willen hat, so wird der letztere Teil mit der übernommenen Disharmonie nicht fertig werden, um so weniger, als ihm die vielleicht allnächtlich vor sich gehende Übernahme des disharmonisch durchseuchten Ods keine Zeit gelassen wird, sich desselben wenigstens langsam zu erwehren. In diesem Falle wird es sicher dahin kommen, dass der bislang harmonischere aber willensschwache Ehepartner nach und nach selbst eine Veranlagung zur Disharmonie erhalten wird. Glücklicherweise sind dabei psychische Defekte nicht so leicht auf andere Seelen zu übertragen, somit wird eine solche übernommene Veranlagung bloß eine körperliche sein, die aber zur Qual des unglücklichen Geschöpfes für dessen ganze Lebenszeit anhalten kann, wenn es ihm nicht möglich wird, sich eine größere Willenskraft anzueignen, mit welcher es dann leichter gelingt, der aufgezwungenen Disharmonie Herr zu werden. Solche Eheleute sollten sich nur dann zu dem Geschlechtsakte entschließen, wenn sich der mit der Neigung zur Disharmonie behaftete Teil so ruhig und harmonisch, als es seine Natur überhaupt zulässt, fühlt. Aus Rücksicht für den unschuldigen Teil aber sollte er auf keinen Fall sich geschlechtlich vermischen, wenn er sich zornig, aufgeregt oder unruhig weiß. Wir werden an anderer Stelle hören, was Harmonie und Disharmonie eigentlich heißt und wie eingreifend sie auf den Menschen wirken.

Die absolute Ruhe des Gemütes, die beste Gesinnung und die vollste Zuneigung für den anderen Teil seien für jeden Vorwärtsstrebenden unerlässliche Bedingungen, unter welchen erst er sich eine Befriedigung seines Geschlechtstriebes gestatten soll. Denn er muss stets darauf Bedacht nehmen, dass eine Empfängnis stattfinden kann und dass infolge des Gesetzes der odischen Vermischung seine augenblickliche Gemütsstimmung sich auch auf das keimende Wesen überträgt.

Übung: Wenn Ehegatten sich gegenseitig ihr ethisches Vorwärtsstreben erleichtern wollen und der eine Teil sich bereits willenskräftiger und vorgeschrittener fühlt, so dient ihnen die odische Vermischung mit Ausschluss des Begattungsaktes ganz vorzüglich. Am Morgen, wenn die Körper vollends ausgeruht sind, etwa eine halbe Stunde vor dem Aufstehen, legen sich die beiden Gatten zusammen und umarmen sich in vollster Liebe, indem sie sich so eng als möglich umschlingen. In dieser innigen Verbindung verharren sie eine halbe Stunde vollständig ruhig und bekämpfen mit Aufgebot ihrer ganzen Willenskraft jede sinnliche Regung. Wenn sie fühlen sollten, dass die Leidenschaft sie zu übermannen droht, dann sollen sie das Experiment sofort abbrechen und sich voneinander entfernen. Sie müssen unbedingt jeder Versuchung widerstehen und tapfer auf die augenblickliche Befriedigung ihrer entfachten Leidenschaft verzichten. Am nächsten Morgen wiederholt man das Experiment, und dann so fort jeden Tag, bis man imstande ist, ohne jedes sinnliche Gefühl, ohne alle sinnlichen Gedanken und Regungen, angeschmiegt an den warmen Körper der Gattin oder des Gatten, die vorgeschriebene Zeit ruhig auszuhalten.

Man glaube aber ja nicht, dass man seine Entsagung, wenn sie einmal voll und ganz gelungen ist, zum Schlüsse mit der Sinnenbefriedigung belohnen darf. Das wäre ganz verkehrt und würde alle Wirkung aufheben, die darin besteht, dass der kräftigere, ethisch höherstehendere Teil seine besseren Qualitäten auf den minder entwickelteren Teil überstrahlt, die diesem zum leichteren Vorwärtskommen verhelfen, indem sie in ihm entsprechende günstige Stimmungen hervorrufen, während er seinerseits eine Menge seiner schlechteren Qualitäten auf den anderen Gatten überträgt. Der aber wird infolge seiner Willensstärke, die seine höhere ethische Entwicklungsstufe bedingt, sehr bald mit dem übernommenen fertig werden. Er wird es mit einiger Mühe sicher überwinden. Nach ein bis zwei Monaten schon wird der sittlich niedriger stehende Teil die günstige Wirkung dieser Übung – die sehr schwer ist, was gern zugestanden wird – empfinden. Dann setze man wieder einen Monat aus, um nach Ablauf dieser Zeit aufs Neue damit zu beginnen. Es ist ganz individuell, wie lange man diese Übung überhaupt fortsetzen muss, ehe man ganz abbrechen kann; es lässt sich darüber keine allgemein gültige Norm aufstellen. Die beiden Gatten werden den richtigen Zeitpunkt wohl selbst herausfinden, denn nur sie selbst werden beurteilen können, ob der eine Teil bereits die sittliche Höhe des anderen erklommen hat. Nur wolle man im Interesse des willensstärkeren Gatten auch die einmonatliche Ruhepause nicht vergessen, die nach jeder 6 bis 8-wöchentlichen Übungsperiode unbedingt eintreten muss.

Das Experiment wird sehr erleichtert durch die geistige Ablenkung, die man durch ein Gespräch über hohe und edle Dinge, über erhabene

Vorstellungen, über den ethischen Fortschritt als hauptsächlichste Bestimmung des Menschen usw. hervorrufen kann. Es ist selbstverständlich, dass die Ausübung des Geschlechtsaktes ab und zu gestattet ist, doch soll das nur abends geschehen und wolle man sowohl vor als auch nach diesem Akte der morgendlichen Übungen mit keinem Worte Erwähnung tun, aber auch nicht an dieselben denken. Außer zu dem Zweck der leidenschaftslosen odischen Vermischung dient diese Übung auch noch vortrefflich der Schulung der Willenskraft. Um diese Willenskraft dreht sich die ganze ethische Entwicklung. Der eigenwillige, selbstsüchtige Genussmensch hat in Wirklichkeit ja keinen Willen. Er ist der willenlose Sklave seiner Sinne und seiner Leidenschaften. Seinen Willen gebrauchen, heißt seinen Leidenschaften Halt gebieten, heißt der Herr sein des Fleisches, heißt vollständig unabhängig sein von dessen Trieben und Begierden.

Der Ehrsüchtige, der Habgierige, der Sinnliche, der Zornige, und wie sie alle heißen mögen, diese armen Menschen haben keinen Willen, denn sie werden gequält, gestoßen und getrieben von ihren Leidenschaften. Man sollte meinen, dass der Ehrgeizige ehrgeizig, der Habgierige habgierig und der Sinnliche sinnlich sein „will", also mit voller Überlegung, ein kräftiger Wille zum Bösen. Aber das sieht nur so aus. In Wahrheit gibt es nur einen Willen, und das ist der Trieb zum Guten, zur Erkenntnis und zur All-Liebe, also zum wahren Fortschritt, alles andere ist Schwäche. Der Habgierige vermag nicht anders zu handeln, obwohl er weiß, dass er damit gegen das Gebot der Nächstenliebe verstößt; der Zornige vermag seinem Zorn nicht zu gebieten und der Mörder tötet sein Opfer, obwohl er genau weiß, dass der rächende Arm der Gerechtigkeit ihn über kurz oder lang zu treffen wissen wird, wie er es an so vielen Beispielen sieht. Der Sinnliche muss seiner Leidenschaft frönen, trotzdem er weiß, dass er auf so manches seiner Mitgeschöpfe Schmach und Schande, wohl auch das Verderben wälzt. In den Stunden der unausbleiblichen Gewissensregung überkommt wohl die meisten dieser Genussmenschen eine Art Mitleid mit ihren Opfern und ein leises Schuldbewusstsein verursacht ihnen ein seelisches Unbehagen. Aber kaum ist die Mahnung überwunden, so wird das alte Leben fortgesetzt. Sie alle haben ihren Leidenschaften nichts entgegenzustellen, da sie noch keinen Willen besitzen – ihr scheinbarer Wille ist eben nur die unumschränkte Vorherrschaft ihrer Leidenschaften. Diese Leidenschaften sind aber vernichtet, wenn der wahre Wille – der in jedem Menschen lebt, wenn er auch latent ist – erweckt und durch zweckmäßige Übungen stark und kräftig geworden ist.

Die stärkste menschliche Leidenschaft ist wohl die Sinnenlust, daher ist sie auch der beste Schleifstein für den Willen, und es ist ja die vornehmste Aufgabe des die Meisterschaft erstrebenden Schülers, seinen Willen zu stählen und zu schärfen. Wer nur einigermaßen fühlt, dass er nicht der unbedingte Herr seines Fleisches ist, der vermeide nicht ängstlich den Kampf, sondern suche seinen Feind, erspähe seine Blößen und setze ihm so hart zu, als er nur kann. Nicht wollüstig feig nachgeben, sondern trotzig die Fäuste zeigen! Ein öfteres Versagen stärkt ungemein und macht unabhängig vom Fleische. Je öfter man dem Fleische ein „ich will nicht!" zuruft, desto kräftiger wird der Wille, und die Seele jubelt. Zur Bekämpfung der allzu großen Sinnlichkeit ist das Fliehen vor der Sünde nicht angezeigt. Man denkt an Georg Ebers' Roman: „Homo sum". Die höchste Adeptschaft ist ja, mitten im Leben zu stehen und das Leben zu verneinen. Es ist also angebracht, an sinnlichkeitserweckenden Bildern oder an entblößten Körperteilen des anderen Geschlechtes seine Willenskraft zu stählen. Auch die bessere erotische Literatur kann diesem Zwecke dienen.

Wer seinen Willen schulen will, muss in fleischlich-sinnlicher Beziehung sowohl seine Phantasie als auch seinen Körper ganz in die Gewalt bekommen. Ein erotisches Buch darf uns nicht mehr erregen, ein obszönes Bild muss uns kalt lassen können und ein entkleideter Körper des anderen Geschlechtes darf nicht auf unsere Sinne wirken, wenn wir es nicht wollen. Und je öfter wir das nicht wollen, desto großartiger werden die Resultate unserer Übungen sein, desto kräftiger werden sich die astralen Fähigkeiten manifestieren. Nur muss man es durch die fortgesetzte Übung, durch die größte Wachsamkeit und die äußerste Strenge gegen sich selbst dahin bringen, dass uns sogar die stärkste Versuchung ruhig, fest und standhaft findet. Damit ist keineswegs gesagt, dass von dem Schüler eine absolute Verneinung des Lebens gefordert wird. Er muss sich nur jeder Leidenschaft begeben; er darf nicht „genießen" wollen, sondern nur in weisester Mäßigung den natürlichen Trieben den Ausgang gestatten. Hat er sich einmal auf den Weg der Erkenntnis durchgerungen, so wird er wohl von selbst gar manches fallen lassen, was ihm vorher unentbehrlich dünkte und dann sich als Ballast zu erkennen gibt. Der Schüler halte sich stets vor Augen, dass sein fleischliches Dasein nicht dem Genüsse, sondern der Überwindung dienen soll; das ist der Zweck seiner Einkörperung, und nur wer diesen Zweck vollständig erreicht, kann sich von dem Fluche der irdischen Inkarnation freimachen. Es ist gerade die Fleischeslust das größte

Band, das die noch unentwickelten Geisteswesen beständig wieder zur Erde zieht. In der Fleischeslust macht sich der größte Egoismus geltend, darum muss sie auch von dem Vorwärtsstrebenden am meisten bekämpft werden. Wer hinauf sehen will, muss jene große Liebe verstehen lernen und empfinden können, jene Liebe, die frei ist von dem egoistischen Trieb des Alleinbesitzes, die nicht gebunden ist an die Schönheit der Körperformen und an die Leidenschaft; jene Liebe, die uns verbindet mit dem ganzen Universum, mit der Gottheit.

Wohl werden sich an dieser Stelle viele des bekannten Bibelspruches erinnern: „Der Geist ist willig, aber das Fleisch ist schwach." Darin liegt aber ein Widerspruch. Der Geist ist nicht willig, wenn das Fleisch schwach ist. Die Schwäche des Fleisches zeugt eben von der Schwäche und Unwilligkeit des Geistes. Der Geist ist allmächtig in seinem Vorwärtsschreiten zum Licht. Er habe nur den festen Willen und es wird ihm leicht sein, das schwache Fleisch erstarken zu lassen, denn dieses Fleisch ist seinem Willen Untertan, sobald er ihn nur benützen mag. Sein Fleisch ist gewissermaßen sein Ebenbild. Dieses Fleisch ist Wachs in seinen Händen und von seinem Willen hängt die Form ab, die er daraus kneten wird. Gewiss, es gibt Mittel, die dem zum Lichte strebenden Geist die Arbeit erleichtern können. Das Wachs lässt sich weicher, geschmeidiger und bildungsfähiger gestalten."

10. Die Stellung im Islam

Äußerst interessant ist die Stellung zur Selbstbefriedigung im Islam. Im Koran steht:

Sure 23 – Al-Mu´minun: Den Gläubigen offenbart zu Mekka: „Im Namen Allahs, des Allerbarmers, des Barmherzigen! Wahrlich, erfolgreich sind die Gläubigen, die in ihren Gebeten voller Demut sind und die sich von allem leeren Gerede fernhalten und die die Zakah (Lauterkeit) entrichten und ihre Schamteile bewahren außer gegenüber ihren Gattinnen oder denen, die sie von Rechts wegen besitzen; denn dann sind sie nicht zu tadeln. Diejenigen aber, die darüber hinaus etwas begehren, sind Übertreter." – Das heißt, dass das Masturbieren für Männer sowie für Frauen verboten ist. Dies wird durch die Sure 24/33 bestätigt: „Und diejenigen, die keine (Gelegenheit) zur Ehe finden, sollen sich keusch halten, bis Allah sie aus Seiner Fülle reich macht."

Es wird den Menschen mit diesem Laster empfohlen zu heiraten, denn die Ehe „hilft den Blick (zu anderen Frauen/Männern) zurückzuhalten und die Keuschheit zu wahren. Und wer dazu nicht in der Lage ist, der soll fasten, denn das Fasten ist für ihn ein Schutz (vor sündhaften Handlungen)." Der Hadith (Weisungen) empfiehlt den Männern (Frauen), die nicht in der Lage sind zu heiraten, das Fasten, obwohl das Fasten eine Härte mit sich bringt; und empfiehlt ihnen nicht die Masturbation; und – obwohl diese einfacher als das Fasten ist, wurde es nicht erlaubt. Der Grund liegt darin, dass der Mensch Herr über seine niederen Triebe sein soll!

Es werden auch einige Empfehlungen für den Kampf mit der geheimen Sünde genannt, die ich hier wiedergebe:

1. Der Beweggrund, eine Lösung für dieses Problem zu finden, soll nur der sein, dass du den Anweisungen Allah´s folgen willst und seine Bestrafung fürchtest.
2. Gedanken daran unterbinden und Einflüsterungen (des Satans) abwenden und sich mit Sachen beschäftigen, welche Nutzen im Diesseits und Jenseits bringen. Wenn man nämlich diese Einflüsterungen zulässt und sich weiter mit ihnen beschäftigt, wird der Gedanke zur Tat, daraufhin gewinnt sie Oberhand und wird zu einer Gewohnheit, die man nur schwer los werden kann.
3. Den Blick abwenden (vom Betrachten verbotener Sachen wie Bilder, Filme usw.) hilft, die sexuelle Lust zu unterdrücken, bevor

71

sie jemanden dazu führt, Verbotenes zu begehen. Allah befiehlt den Männern und Frauen, ihre Blicke zu senken. Er sagt (sinngemäß): „Sprich zu den Iman – verinnerlichenden Männern, dass sie ihre Blicke senken und ihre Keuschheit wahren sollen. Das ist reiner für sie. Wahrlich, Allah weiß was sie tun. Und sprich zu den Iman – verinnerlichenden Frauen, sie sollen ihre Blicke senken und ihre Scham hüten . . ." (Sure An – Nuur 24:30-31)

Der Gesandte Allah´s sagte: „Lass den (ersten, unbeabsichtigten) Blick (auf verbotene Dinge) nicht einen (zweiten) Blick folgen."

Der erste Blick, welcher unerwartet und plötzlich geschah, bringt keine Sünde mit sich, jedoch ist der zweite Blick verboten. Ebenso sollte der Muslim alle Plätze meiden, in denen er Verführungen ausgesetzt ist und sexuell erregt werden könnte.

4. Seine Freizeit mit verschiedenen Arten der Anbetung gegenüber Allah füllen, und keine Zeit für Sünde lassen.

5. Sich die gesundheitlichen Schäden, die von dieser Gewohnheit verursacht werden – wie sie Franz Bardon beschrieb – bewusst machen. Doch schwerwiegender als das, ist das Verpassen der Pflichtübungen, was vorkommt, weil man jedes Mal danach rituelle Ganzkörperwaschungen vollziehen muss und dies einem schwerfällt, vor allem im Winter. Des Weiteren macht das Masturbieren das Fasten ungültig.

6. Sich von der falschen Vorstellung lösen, wie einige junge Leute glauben, dass Selbstbefriedigung erlaubt wäre, mit der Begründung, man schütze sich damit vor *Zina* (außer- oder voreheliche Beziehungen) oder vor Homosexualität, obwohl man in Wirklichkeit weit entfernt davon ist, eine Schandtat zu begehen.

7. Sich mit der festen Überzeugung und Willenskraft wappnen und sich nicht dem Satan geschlagen geben. Außerdem soll man es meiden, alleine zu sein wie z. B. allein zu übernachten. So gibt es einen Hadith (Weisung), dass der Prophet es untersagt hat, dass ein Mann (Frau) ganz allein übernachtet.

8. Die wirksamste Medizin, die vom Propheten empfohlen wurde: Das Fasten, denn das Fasten schwächt und unterdrückt die sexuelle Lust. Jedoch sollte man vor merkwürdigen Methoden gewarnt sein, wie z. B. ein Eid oder Gelöbnis zu schwören, dass man es nicht wieder tut, denn wenn man es doch tut, so hat man den Schwur mit Allah´s Namen gebrochen und man muss die Konsequenzen dafür

tragen. Außerdem soll man keine Beruhigungsmittel einnehmen, die das Lustgefühl unterdrücken, denn diese bringen Gefahr den Körper mit sich. Und in der Sunna (Handlungsweise des Propheten) gibt es Belege, die darauf hindeuten, dass es verboten ist, etwas einzunehmen, was die sexuelle Lust dauerhaft beeinflusst.

9. Die islamischen Verhaltensregeln vor dem Schlafen einhalten, wie z. B. Adhkaar des Schlafens lesen (Bittgebete, gleicht in gewisser Weise der Autosuggestion), auf der rechten Seitenhälfte schlafen und es vermeiden auf dem Bauch zu schlafen, welches der Prophet verboten hat.

10. Sich stark bemühen, geduldig und tugendhaft zu sein, denn es ist unsere Pflicht, dass wir Geduld aufbringen, eine verbotene Sache zu unterlassen, selbst wenn es das Nafs (das innere Ich) begehrt. Wir sollten wissen, dass wenn man Nafs dazu bringt, keusch/tugendhaft zu sein, man dies am Ende erreicht und die Keuschheit zu einer festen Eigenschaft wird. Der Prophet sagte: „Wer auch immer sich genügsam verhält, dem wird Allah bereichern. Wer sich geduldig verhält, dem gibt Allah die Kraft dazu. Keinem wird etwas Besseres und Bereicherndes gegeben als die Geduld.“

11. Wenn jemand diese Sünde begangen hat, so soll er unmittelbar danach Reue suchen bzw. die Tat bei Allah gestehen und Ihn um Vergebung bitten, gute Taten vollbringen und niemals die Hoffnung auf Allah´s Barmherzigkeit verlieren, weil dies zu den Kaba-ir (großen bzw. schwerwiegenden Sünden) gehört.

12. Zum Schluss solltest du wissen, dass Allah anzuflehen, Bittgebete an Ihn zu richten und Ihn um Hilfe zu bitten, von dieser Gewohnheit wegzukommen, dies ohne Zweifel die beste Medizin ist, denn ER, der Allhöchste, erhört die Bitten der Flehenden. Denn Allah weiß es am besten.

Scheich Muhammad Salih al – Munadschid

11. Wilhelm Quintscher

Zur Behebung der Blutüberfüllung in den Sexualorganen schreibt er: „Wer lange Zeit sehr enthaltsam lebt, dem wird die Blutüberfüllung regelrechte Schmerzen bereiten. Hier ist die Kraftaufspeicherung vorhanden, die übergeleitet werden muss. Lege die rechte Hand an die Wurzel, die linke aber auf das Nabelfeld. Bilde hierzu die Gedankenformel: „Der Überfluss entweiche zur Sammelstelle". Das Schmerzgefühl weicht alsbald einem Wohlgefühl, das sich auf den ganzen Unterleib mitteilt. Der Blutdruck geht zurück und die organische Störung ist behoben. Wir besitzen je eine linke und eine rechte Schläfe, linke und rechte Hand, linkes und rechtes Ovarium. Die linke Seite ist stets positiv, die rechte Seite aber negativ geladen. Obgleich beide Handteller Saugflächen sind, dient gedacht die linke Hand zur Kraftzuführung, die rechte Hand zur Kraftentziehung. Wenn die linke Hand Saugfläche ist, so saugt sie von innen nach außen, das heißt von der eigenen Körpersammelstelle nach außen hin. Die rechte Hand aber saugt von außen nach innen hin. Dieses geschieht aber nur, wenn die Hände an verschiedenen Körperstellen gehalten werden. Beide Hände in Kopfhöhe empor gestreckt, saugen von außen nach innen. An bestimmte Körperstellen aufgelegt saugen sie sich fest und bewirken die Bindung. Was mit beiden Händen dann gefasst wird, verfällt der Bindung. Am eigenen Körper beseitigt man die Störungen der rechten Körperhälfte mit positiver, die der linken mit negativer Kraft, indem die linke oder rechte die Übertragung von der Schadenstelle aus übernimmt. Das gleiche Gesetz kommt zur Anwendung bei der Behandlung der Leiden fremder Personen."

Weitere Bücher aus dem Christof Uiberreiter Verlag:

Das goldene Blatt der Weisheit
Seila Orienta/Franz Bardon

Zum ersten Mal in der okkulten Literatur wird die 4. Tarotkarte des Hermes Trismegistos verständlich beschrieben und offengelegt. Sie beinhaltet unbekannte Konzentrations- und Meditationsübungen. Des Weiteren gibt sie Hinweise und erklärt die Unterschiede zwischen Magie und Mystik und Gefahren des einseitigen Weges. Am Ende steht die Verbindung mit der universellen Gottheit, dem Herrn der Sonnensphäre, welcher quabbalistisch „Metatron" genannt wird.

*

5. Tarotkarte – Mysterien des Steins der Weisen
Seila Orienta/Franz Bardon

Dieses Buch stellt die Vorderseite der Alchemie dar, die die einzelnen praktischen Übungsschritte erklärt, ohne die verschlüsselten Mystifikationen der alten Alchemisten auch nur annähernd zu erwähnen, wie man es aus den anderen Büchern des Franz Bardon kennt. Es wird erklärt, dass ohne vollkommene Beherrschung der 4 Elemente keine Alchemie möglich ist. Des Weiteren wird mit den einzelnen Ebenen, mit den Matrizen, dem elektromagnetischen Fluid usw. gearbeitet. Doch der Hauptpunkt stellen die göttlichen Eigenschaften wie z. B. die Allmacht dar, mit denen der Göttliche Stein der Weisen durch gewisse Übungen geladen wird.

*

Talismanologie und Mantramkunde
Seila Orienta/Franz Bardon

Zum ersten Mal werden hier (magisch) geladene Mantrams – Gebetssätze – preisgegeben, welche bei nötiger Reife, Ausgeglichenheit und Reinheit durchdringende Erfolge versprechen. Mantrams sind ja nach Bardon nicht irgendwelche „Suggestionssätze", sondern sie sind Ideenausdrücke, mit denen man mit Mächten, Kräften, Eigenschaften, also Gottheiten, in Verbindung kommen kann. Gleichzeitig werden die dazugehörigen Siegelzeichen der göttlichen Ideen preisgegeben, welche im rituellen

Zusammenhang mit den Mantrams stehen. Ein Buch, dass nicht nur die Hermetiker, sondern auch die Anhänger der Yogawissenschaften inspirieren wird!

*

Eine Sammlung der schönsten und lehrreichsten Beschwörungsgeschichten
Hohenstätten

Dieses Buch ist einzigartig, denn es zeigt den zweiten Band von Franz Bardon an Hand von interessanten Evokationsberichten, die genau das bestätigen, was Bardon in seinem Buch geschrieben hat, und noch darüber hinaus. Es werden sensationelle Erlebnisse geschildert, die man sonst niemals findet. Auch aus unveröffentlichten Schriften wird zitiert.

*

Verkörperungen des Meister Arion
Hohenstätten

Man wird beim Lesen dieses Buches nicht glauben, wie viele bekannte und unbekannte Inkarnationen Franz Bardon hatte. Die paar, die im „Frabato" bekannt gegeben wurden, stellen nur einen geringen Teil seiner Verkörperungen dar. Wir mussten, da es dermaßen wenig Literatur über die Verkörperungen gab, wieder hunderte und aberhunderte von Büchern, Aufsätzen, Zeitschriften und Artikeln durcharbeiten, bis wir genügend Material für dieses Buch hatten. Aber der Leser wird sich beim Lesen sicherlich über unsere Arbeit freuen, denn sie wird ihn in Erstaunen versetzen!

*

Shamballa, der goldene Tempel des Lichts
Hohenstätten

Dieser Tempel dürfte jeden Leser von Bardons Roman „Frabato" fasziniert haben. Dass es aber in der okkulten Literatur noch viel mehr Informationen darüber gibt, die man aber nur findet, wenn man alles Veröffentlichte gelesen hat, dürfte dem einen oder anderen unbekannt sein. Es wurden wieder ganze Stöße von Büchern durchgesehen und das Ergebnis wird hier veröffentlicht. Es wird aber gleichzeitig darauf hingewiesen, wie viel Schundliteratur es darüber gibt, wie viel Lügen im Umlauf sind, damit sich der Schüler der Hermetik ein klares Bild machen kann. Wir bringen in diesem Buch alles, was wir an Material darüber gefunden haben und es wird auch noch einiges aus der eigenen Erfahrung, was das Wertvollste ist, mitgeteilt. Nicht nur über den Tempel wird berichtet, sondern auch über die damit verbundene „Bruderschaft des Lichts", dessen Sitz er darstellt.

*

Auf der Suche nach Meister Arion
Hohenstätten

Diese Autobiographie eines Schüler der Hermetik des Franz Bardon schildert sein magische Leben, in welcher zahlreiche Erfahrungen zu den Übungen aus dem Adepten geschildert werden, die die Hauptperson selbst erlebt hat. Es wird der schwere Weg des Adepten aus autobiographischer Sicht gezeigt, seine vielen Tiefschläge, aber auch seine glanzvollen Seiten und Zeiten. Der harte Kampf mit dem Seelenspiegel wird bis in alle Einzelheiten aufgezeigt, genauso wie die vielen anderen Wege, in welche der Autor reinschnupperte, um dadurch reichlich Erfahrung sammeln zu können. Darüber hinaus enthält es unzählige Erfahrungen und Berichte betreffs Mantramistik nach Bardon, die wahre Runenmagie, zahlreiche Evokationen sowie Invokationen mit seinem Lehrer Anion, einen magischen Exorzismus, wie er bisher noch nie öffentlich geschildert wurde. Mentalreisen, Beeinflussungen, Übungen zur Gottverbundenheit, Erscheinungen, Alchemie, Heilungen mit den verschiedensten magischen Methoden z. B. Quabbalah oder durch die Elemente, Schutzgeistevokationen und viele andere magische „Wunder" seines Freundes und Lehrers Anion. Auch einige magische Fotos in Farbe, ein bisher von Bardon unveröffentlichtes Akashafoto von Christus und ein Bild des schwebenden Meister Arion werden in diesem Buch preisgegeben. Der Inhalt ist viel reichlicher, als hier kurz beschrieben werden kann.

*

Magisches Gleichgewicht
Hohenstätten

Dieses Buch zeigt eindeutig, dass in allen anderen Systemen das „Gleichgewicht" genauso gebraucht wird, wie bei Bardons Werken. Er war nicht der Einzige, der das erwähnte, aber er war der erste, welche es deutlich erklärte, denn die anderen Systeme sprachen nur durch das Symbol, welches nicht jedem Leser verständlich war. Obendrein bringen wir noch Unveröffentlichtes vom Meister Arion zu dieser Grundlage der magischen Entwicklung.

*

Das Leben und die Erfahrungen eines wahren Hermetikers
Seila Orienta

Diese Autobiographie eines Magiers ist unübertroffen, denn bis jetzt hat kein einziger, okkult Geschulter, so offen und ehrlich gesprochen wie Seila Orienta. Er gibt in diesem Werk sein Leben bekannt, sowie seine zahlreichen und äußerst interessanten Erlebnisse und Erfahrungen. Es werden auch zum ersten Mal Fotos von Wesen der Sphären gezeigt, welche Franz Bardon höchstpersönlich in den 20ern gemacht hat. Des Weiteren schreibt Seila Orienta über die Sphären, über Dämonen, Logenkontakte und vieles, vieles mehr, was einem ehrlich strebenden Hermetiker das Herz übergehen lassen wird.

*

Das Leben des Franz Bardon
Hohenstätten

Dieses Buch beschreibt das Leben des Meisters außerhalb des Frabatos, welches seine Sekretärin – Otti V. – geschrieben hat. Es beinhaltet Erklärungen zu seiner „Biografie", weitere Einzelheiten über den Kampf mit der FOGC, seine Beziehung zu Wilhelm Quintscher und anderen Okkultisten, was alles bisher unbekannt war! Des Weiteren werden viele Erlebnisse seiner Schüler in Prag erzählt, verschiedene magische Leistungen und interessante Geschichten Bardons beschrieben, die bis dato unveröffentlicht sind. Es werden auch seine drei Lehrwerke und deren Wirkung auf die Öffentlichkeit von einem anderen, unbekannten Standpunkt geschildert, welcher durch bisher schwer zugänglichen Schriften unterstützt wird. Als Krönung wird seine aus dem tschechischen übersetzte „Runenschrift" zum ersten Mal veröffentlicht. Auch einige Seiten aus anderen unveröffentlichten Schriften von ihm sowie interessante Fotos des Meister Bardon und seiner Freunde werden hier preisgegeben und vieles, vieles mehr.

*

In Verbindung mit der Gottheit
Hohenstätten

Über das Thema der Gottverbundenheit mit all seinen Formen und

78

Methoden wurde bis heute noch nie ein Buch verfasst geschweige denn eine Schrift geschrieben. Man findet in der okkulten wie in der östlichen Literatur nur spärliche Hinweise, die größtenteils verschlüsselt sind oder so geschrieben wurden, dass man sie kaum versteht. Im Gegensatz dazu wird in diesem Buch offen dargelegt, dass das 1. kleine Arkanum der 78 Tarotkarten die Gottverbundenheit in ihrer Reinform darstellt.

*

Hermetische Heilmethoden
Hohenstätten

Dieses Buch stellt in der okkulten Literatur ein absolutes Unikum dar, denn über die Gesamtheit der okkulten Heilmethoden wurde bis jetzt noch NIE etwas Sinnvolles geschrieben. Es werden alle Heilmethoden erwähnt, die der hermetische Schüler mit Hilfe seiner bisher erlangten Konzentrationsfähigkeit ausüben und verwenden kann.

*

Erste hermetische Zeitschrift

„Der hermetische Bund teilt mit" ist eine der wenigen magisch-mystischen Zeitschriften, welche sich soweit als möglich auf die universelle Lehre von Franz Bardon bezieht. Sie versucht sich an die Gesetze des 4-poligen Magneten zu halten und vermittelt Wissen sowie Hinweise für die Praxis, damit der Leser die Möglichkeit hat, sie in seinen hermetischen Weg aufzunehmen und für sich gewinnbringend zu verarbeiten.

Noch viel mehr hermetische Literatur finden Sie auf unserer Website: http://www.hermetischer-bund.com.

Viel Vergnügen beim Stöbern!

Der Verlag